越问越聪明

让孩子思维升级的科普书

2

〔加〕杰·英格拉姆（Jay Ingram）著

薛玮 译

上海社会科学院出版社
SHANGHAI ACADEMY OF SOCIAL SCIENCES PRESS

图书在版编目（CIP）数据

越问越聪明：让孩子思维升级的科普书．2 /（加）杰·英格拉姆（Jay Ingram）著；薛玮译．— 上海：上海社会科学院出版社，2022
书名原文：The Science of Why Volume 4: Answers to Questions About Science Facts, Fables, and Phenomena
ISBN 978-7-5520-3724-1

Ⅰ．①越…　Ⅱ．①杰…　②薛…　Ⅲ．①科学知识—青少年读物　Ⅳ．①Z228.2

中国版本图书馆 CIP 数据核字（2020）第 225395 号

上海市版权局著作权合同登记号：图字 09-2021-0896号

越问越聪明：让孩子思维升级的科普书 2

著　　者：［加］杰·英格拉姆
译　　者：薛　玮
责任编辑：赵秋蕙
特约编辑：黄珊珊
美术编辑：魏冬妮
封面设计：知行兆远
出版发行：上海社会科学院出版社
上海市顺昌路 622 号　　邮编 200025
电话总机 021-63315947　销售热线 021-53063735
http: //www. sassp.cn　　E-mail: sassp@sassp.cn
印　　刷：天津旭丰源印刷有限公司
开　　本：787 毫米 ×1092 毫米　1/16
印　　张：13
字　　数：150 千
版　　次：2022 年 1 月第 1 版　2022 年 1 月第 1 次印刷

ISBN　978-7-5520-3724-1/Z·075　　定价：59.80 元

感谢三位挚友陪我游山玩水，

我们在一起谈天说地的时光，是那么轻松惬意。

作者简介

杰·英格拉姆（Jay Ingram）

杰·英格拉姆博士是加拿大家喻户晓、影响广泛的科普大咖，他主持加拿大探索频道黄金时段的科普节目《每日星球》长达16年，是该频道的开创元老。在加盟探索频道之前，他在CBC电台主持科学节目“Quirks & Quarks”。他不仅擅长演讲，且长期坚持科普文章创作，出版了近20种科普读物，包括极为畅销的“The Science of Why”系列作品。他还担任旨在促进创造性科学写作、传播和社交媒体发展的班夫中心主席。

因其在科学普及方面的努力，英格拉姆博士在加拿大获奖无数，曾获加拿大皇家学会的桑福德·弗莱明奖（Sandford Fleming Medal and Citation）、加拿大皇家社科院的麦克尼尔科普奖（McNeil Medal for the Public Awareness of Science）、加拿大科学与工程研究理事会的迈克尔·史密斯科学促进奖（Michael Smith Award for Science Promotion）等多项荣誉。他是加拿大阿尔伯塔大学的荣誉校友，获得6个荣誉博士学位，也是伊丽莎白二世女王钻石勋章和加拿大总督功勋奖的获得者。

欲更多了解，请登录 JayIngram.ca。

目 录

第一章 人体的奥秘

第二章　神秘的动物王国

第三章　异象奇观

第四章　奇思妙想

致谢

第一章

人体的奥秘

1. 为什么人会觉得痒呢？

大家都知道身上痒痒的是什么感觉，但其中的奥妙和原理我们却知之甚少。两千年前的佛教思想家龙树尊者（Nagarjuna）在经过一番仔细观察后，道出了痒痒这种感觉的复杂性：“搔痒能带来快感，但还是不痒更舒服。”

皮肤瘙痒可见于很多严重的疾病，持续的瘙痒不仅让人痛苦不堪，医生也常常束手无策。幸运的是，多数情况下皮肤瘙痒都不会太持久，比如蚊虫叮咬或羊毛衫扎人。可就连这样微不足道

拿破仑·波拿巴有幅著名的画像，他一只手插在背心里，另一只手放在身后。有科学家怀疑拿破仑的手没有露出来是因为他在挠痒。画家画肖像时，人物得一直保持同一个姿势。可如果身上很痒怎么办？这真是个麻烦事儿。但也有很多人认为拿破仑皮肤状况确实不太好。长久以来，人们以为疥疮——一种由疥螨所引发的疾病是拿破仑皮肤瘙痒的始作俑者，不过现在多数医学专家对这种观点都持怀疑态度。真凶究竟是谁，尚不可知。

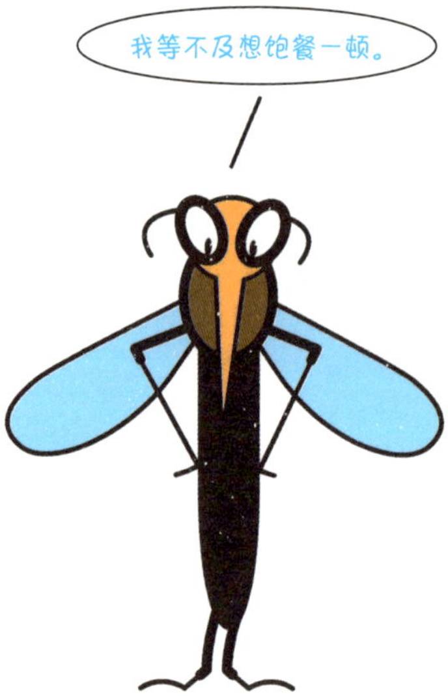

的瘙痒，都很难用语言描述。

比如痛感和痒感有相似之处，它们都会让人心烦意乱，你巴不得它们赶快消失；但它们也有不同之处。

科学家一度认为疼痛和瘙痒是通过相同的神经通路传导的，痛感不过是增强版的痒感。事实上，抓挠的确会引起疼痛——足够的痛感至少可以暂时压制住痒感——这种情况可以理解为，刺激强到足以越过瘙痒和疼痛的界限，瘙痒才会变为疼痛。有些缓解疼痛的药物，比如阿片类药物①，同时也会引起瘙痒；反过来，刺激减弱，越过了边界，疼痛就会变为瘙痒。极少数不幸的人感知不到疼痛，甚至有人感知不到瘙痒，这其实很危险，甚至会危及生命。不过认为痛感和痒感有着相同的神经通路的观点已经被摒弃了。痒感的神经网络有着截然不同的神经和神经递质，虽然它们会和痛感神经和神经递质相互作用，相互影响。

当然，瘙痒和疼痛是截然不同的。瘙痒仅局限于皮肤，但疼痛几乎在全身各处都会出现。感到疼痛时，我们下意识的反应是退缩——比如你会迅速把手从炙热的火炉上抽回来——但面对瘙痒时，我们则会正面发起攻击，指甲就是我们的武器。这两种反

① 阿片类药物：阿片是将未成熟的罂粟蒴果的浆汁风干后提取的干燥物，具有强烈的镇痛、止咳、止泻、麻醉、镇静和催眠等作用。——译者注（若无特别说明，本书中其他注释均为译者注。）

应都合情合理。想想看，人之所以搔痒，部分原因是我们想驱赶走某些东西，比如一只吸血正吸得起劲、让人发痒的昆虫。

有趣的是，龙树尊者认为，使劲搔痒会给人带来快感，但前提是不能抓疼自己。

很多人认为痒只是皮肤的感觉。这种观点看似正确，实则不然。如果我们追踪瘙痒的来源，比如蚊虫叮咬，会发现其根源在于被叮咬的部位——蚊虫叮咬时会释放出化学物质；而身体则把这些化学物质看作异物，并释放组胺[①]进行应对。接着，组胺激活被叮咬部位的神经，神经将信号传送至脊髓与大脑，最后大脑将这些神经脉冲标记为瘙痒。所以胳膊瘙痒实际上是大脑的判断，但大脑我们既抓不着，也挠不到。

① 组胺：一种有机含氮化合物，可在人类和哺乳动物的中枢神经系统中触发过敏性反应。

知乎？

感到瘙痒时，不妨试试下面几个办法。非处方止痒药可以去除瘙痒，除此之外科学文献告诉我们还有其他的办法。比如早在 70 年前科学家们就发现，瘙痒周围的轻微刺痛能去除瘙痒，有效时间最长可达 45 秒。但这并非疼痛替代了瘙痒，因为在轻微刺痛感消失 30 秒之后，瘙痒又会卷土重来。也有一些科学家注意到，在瘙痒部位周围进行按压，而不是直接抓挠，也能抑制瘙痒。

瘙痒是以大脑为中心的，我认为它可以用来解释我所观察到的一个现象：假如我在树林里被蚊子叮了几口，虽然多数被叮咬的部位并不痒，但只要我挠了瘙痒的那一处，其他部位也会跟着瘙痒起来。瘙痒的根源在于大脑，而不是被叮咬的部位。

科学实验证实，瘙痒会传染，从而为瘙痒的根源在于大脑提供了更多的证据（很显然，疼痛的根源也在大脑，但疼痛并不会传染——这是两者的又一区别）。实验对象（又叫被试）观看了其他人挠痒或其他人皮肤被蚊虫叮咬的视频，同时观看了与瘙痒无关的视频。结果表明，在前一种情况下，被试挠痒的次数要多得多。有意思的是，他们抓挠的部位与视频中那些人抓挠的部位并不相同，多数情况下他们只是挠挠头。但视频的影响又确实存在。那为什么会这样呢？原来瘙痒与打哈欠有些相似，都能互相传染。要知道，就连说“打哈欠”这个词，都能让人打哈欠。但——目前为止还没有证据表明——说“瘙痒”这两个字，也会让人感到瘙痒。不会吧？

试一试！

试试看！有位名叫西奥多·考恩布利特（Theodore Cornbleet）的科学家召集了一批志愿者进行实验，他发现，志愿者抓挠动作范围的大小取决于瘙痒的部位。如果是指尖瘙痒，那么抓挠的范围非常之小，大约只有 2 毫米。但背部瘙痒的抓挠范围却非常之大，长达 80 毫米。考恩布利特认为，这是因为人体各部位的触摸敏感度不同。在较不敏感的部位，比如背部，只有较大范围的抓挠，才能缓解瘙痒，因为只有这样才能对神经感受器产生影响。

你可以测试一下自己的触摸敏感度。将一枚回形针弯曲成“U”字形，将其捏细，然后用“U”字形开口的两端按压皮肤，看自己能否判断出开口两端的位置；然后将“U”字形针不断捏细，直到判断不出为止（不能偷看哦）。你可以在指尖、背部、小腿肚、足底都试一下。你会发现，身体不同部位的判断能力各不相同。

2. 蓝鲸鱼的耳屎里有什么秘密？

人们在日常谈话中很少会提到耳屎，但耳屎却是不能不提的话题，这不仅是因为我们都会产生耳屎，还因为某些动物的耳屎还能记录下它们的生活，真是太奇妙了。

提到耳屎总会让人感到不自在。这是为什么呢？如果说呕吐物和排泄物令人作呕，这倒是合乎情理：因为呕吐物和排泄物里含有很多有害的细菌和病毒。耳屎虽然令人厌恶，却与它们截然不同：耳屎是动物自然清洁过程的产物。而且，对于健康的耳朵而言，耳屎是必不可少的。

耳朵里脱落的死皮会和耳道内壁细胞的分泌物混合：分泌物黏稠如油蜡，含有抗菌的化学物质。这些混合物在耳道内摇晃颠簸，不断与灰尘和极小的微生物混合；吃饭或说话时，我们下颌的运动则会带动混合物往外耳道移动。人类耳屎移动的速度跟指甲生长的速度差不多，虽然它们动起来慢得像蜗牛爬，却很少有耳屎会卡在耳道里。这是因为耳屎就像番茄酱一样，都是非牛顿

人类下颌的运动能如此高效地让耳屎在耳道内移动，以至于美国佐治亚理工学院的研究人员亚历克西斯·诺尔（Alex Noel）甚至设想将这种模式应用到机器人装置的过滤系统中，以清除污垢和碎屑。

流体[①]。耳屎是黏稠的，它介乎固体和液体之间，但在外力的作用下可以顺畅地流动。

绵羊、兔子、狗的耳屎跟人类耳屎的移动方式完全一样，但鲸鱼则不然。2007 年，加利福尼亚海岸附近的一艘船撞死了一头鲸鱼。鲸鱼的尸体被冲上岸之后，当地的科学家赶到现场，对尸体展开了研究并收集采样，样本包括一块堵塞住鲸鱼耳朵的巨大的耳屎。这是人类历史上最另类，却也是最有意义的科学探索。而这才是个开始。

这块耵聍栓塞[②]长达 25 厘米，表面是颜色深浅不一的条纹。每条条纹代表着六个月的时长，条纹深浅对应的则是迁徙和进食的情况。总共 24 条条纹，也就意味着这头鲸鱼比较年轻，只有 12 岁。

美国贝勒大学的两名研究人

① 非牛顿流体：广泛存在于生活、生产和大自然中，绝大多数生物流体都属于非牛顿流体。人的血液、淋巴液、囊液等多种体液，以及像细胞质那样的“半流体”，都属于非牛顿流体。

② 耵聍栓塞：耵聍为外耳道软骨部位皮肤的耵聍腺所分泌的淡黄色黏稠液体。耵聍腺是一种特殊的汗腺，位于长有耳毛的外耳道皮肤处。耵聍在空气中干燥后呈薄片状，但有的耵聍状如黏稠的油脂，俗称“油耳”。耵聍具有保护外耳道皮肤和黏附外物（如尘埃、小虫子等）的作用。平时借咀嚼、张口等运动，耵聍可自行脱落排出。耵聍栓塞是指外耳道内耵聍分泌过多或排出受阻，使耵聍在外耳道内聚集成团，阻塞外耳道。

员史蒂芬·特朗布尔（Stephen Trumble）和萨沙·尤申科（Sascha Usenko）认为，鲸鱼的耳屎或许包含了它12年生活的详细信息，于是对其中的多种化学物质进行了分析，包括压力荷尔蒙皮质醇①、睾酮②以及各种各样的有机污染物。

他们的思路和做法是对的。鲸鱼的皮质醇水平随着年龄的增长缓慢攀升，但在鲸鱼达到性成熟时，其皮质醇水平会激增（睾酮水平激增的幅度更大），这是他们的发现之一。两位科学家怀疑，鲸鱼首次面对繁殖的竞争压力，是导致压力荷尔蒙增长的原因③。因此，鲸鱼达到性成熟时，压力荷尔蒙会激增。他们想

---

① 皮质醇：属于肾上腺分泌的肾上腺皮质激素中的糖皮质激素，在应付压力中扮演着重要角色，故又被称为“压力荷尔蒙”。皮质醇会提高血压、血糖水平，并产生免疫抑制作用。

② 睾酮：类固醇激素，由男性的睾丸或女性的卵巢分泌，肾上腺亦会分泌少量睾酮。睾酮是主要的性激素，不论是男性还是女性，睾酮对健康都有重要影响，包括性欲、力量、免疫功能、对抗骨质疏松症等。

③ 压力状态下身体需要皮质醇来维持正常的生理机能：如果没有皮质醇，身体将无法对压力做出有效反应。若没有皮质醇，当猛兽从灌木丛中向我们扑来时，我们就只能吓得目瞪口呆，动弹不得。

知乎？

人类有两种耳屎。基因造成了耳屎形态的差异：一种耳屎是棕色，通常是深棕色，非常黏稠，并且有股味道；另外一种则接近灰色，薄片状，很干燥。

东亚人和北美土著与欧洲人和非洲人耳屎的差异是由基因突变造成的。东亚人和北美土著的耳屎是干燥的薄片；而欧洲人和非洲人的耳屎则是黏稠的。大约 30000 至 35000 年前——差不多是两千代人之前，基因发生了变异。那时大概就是尼安德特人①灭绝的时候。（不知道尼安德特人的耳屎是什么样的？）

不幸的是（对于有些人而言），生物化学告诉我们，那些耳屎黏稠并且颜色发暗的人往往也有腋臭，而耳屎干燥的人则没有。

要弄清楚交配的压力、迁徙情况、食物的多少，甚至污染物是否也产生了影响，毕竟确有证据表明，耵聍栓塞中含有持久性的化学污染物。

那只死去的鲸鱼为我们提供了了解年轻蓝鲸的独特视角，但研究人员的发现不只这些。该团队又与其他科学家合作，研究了 20 头鲸鱼的耵聍栓塞，包括 12 头长须鲸、4 头座头鲸，以及 4 头蓝鲸。这些耵聍栓塞反映了 20 世纪鲸鱼的生活状态，其中有个引人注目的细节——鲸鱼压力荷尔蒙水平随着人类捕鲸活动的多少而升降。

20 世纪上半叶，人类捕鲸的效率越来越高，范围也越来越大，杀伤率也一路走高。在 20 世纪 30 年代，约有 5 万只长须鲸、

① 尼安德特人：常作为人类进化史中间阶段的代表性居群的通称，因其化石发现于德国尼安德特山谷而得名，其基因与现代人的相似度超过 99.7%。

座头鲸和蓝鲸遭到人类的杀戮。当人类的屠杀达到顶峰时，鲸鱼的皮质醇水平也一路飙升，比基准值高出了 50%。第二次世界大战中人类自顾不暇，捕杀鲸鱼的数量有所降低，但鲸鱼的皮质醇水平却较为平稳，甚至出现了小幅上升。究竟为何如此，我们并不清楚，战争期间的海事活动或许难辞其咎。“二战”结束后，捕鲸活动又大张旗鼓地铺开，鲸鱼的皮质醇水平再次激增。

你或许好奇，人类的杀戮是否真的会影响幸存下来的鲸鱼的压力荷尔蒙的水平，毕竟海洋如此辽阔。其实两者的相关性非常显著：根据多年累积的数据绘制而成的曲线图显示，鲸鱼死亡的数量与皮质醇水平的变化是相匹配的。20 世纪 70 年代，美国推出了禁止捕鲸条令，即便如此，当时鲸鱼的皮质醇水平仍然居高不下。研究人员发现，逐渐升温的海平面似乎取代了人类的捕杀，成了新的应激源。

这项研究结果并不是人类活动影响鲸鱼的唯一证据。另有研究表明，在圣劳伦斯河的入海口处（河里的淡水与圣劳伦斯湾的海水在此汇合），即使是相对不具有攻击性的鲸鱼观赏船，仍然会干扰到该处鲸鱼正常的进食行为。

谁能想到耳屎不仅仅是鲸鱼必不可少的清洁工具，也庄严地见证了 20 世纪鲸鱼的生活？

3. 为什么打喷嚏时会闭眼?

这个问题问得好。一般来说，人类下意识地闭上眼睛是为了保护眼睛——但打喷嚏时有必要这样么？是因为喷出来的东西会对眼睛造成伤害？还是说打喷嚏瞬间爆发出的压力很危险？让我们先从这一问题的核心——喷嚏本身——入手。

我们都知道打喷嚏是什么感觉，但喷嚏究竟是什么？首先，烟尘、香水或过敏原，比如花粉，会刺激鼻黏膜。接着，鼻黏膜中的细胞释放出化学物质，从而分泌出液体。然后周围数以百计的神经末梢受到刺激，大脑很快就收到了信号。呼吸道的信息蜂拥而至，当达到一定的临界值后，“喷嚏控制中心”就会做出反应，开启一系列自动程序：大量的吸入空气，关闭声门（声带位于喉部两侧，声带间的区域为声门，声门通向肺部）；接着突然打开声门，猛烈地喷出气体。鼻黏膜产生的液体以及刺激性物质，连同气体一起被喷了出去。

那么打喷嚏时所产生的力量危险吗？网上的信息说喷出的气

体时速可达每小时 300 公里至 1000 公里，接近声音的传播速度，甚至有可能产生音爆。但这种说法纯属杜撰。有些科学家认为，时速达每小时 100 公里是可能的，不过最近一支集合了加拿大和新加坡科学家的国际研究团队，测定出打喷嚏时所喷出的飞沫能达到的最远距离只有 0.5 米，每秒钟仅能飞出 4.5 米，时速为每小时 10 公里。这样的速度，说它们“慢吞吞”还差不多。

科学揭秘！

由于遗传变异，大约有四分之一的人在太阳照射时会打喷嚏。这叫“感光性”喷嚏，又名强迫性常染色体显性遗传性光眼激发综合征（ACHOO）。没错，是这个名字……如果你是位飞行员或司机，驾车驶过隧道，来到耀眼的阳光下，那么感光性喷嚏对你而言是非常危险的。但人们搞不明白这样的基因为什么存在。是因为在阳光下瞳孔收缩的条件反射出了什么差错，由此引发了喷嚏？这个基因的存在有什么意义呢？通常而言，一个基因之所以能在相当比例的人群中存在，是因为它有一定的价值。但到目前为止，我们仍然没有弄清楚 ACHOO 基因的价值。

尽管打喷嚏时气流喷出的速度并不快，但仍有人因此而受伤。最不幸的例子是一个男人在刷牙时打了个喷嚏，结果造成了脊柱上的一节椎间盘突出，压迫到脊髓，从脖子往下全身瘫痪。不到两周，该男子就因为血栓而离世。显然，这样的例子并不多见。打喷嚏所造成的伤害中，更为普遍的是背部肌肉拉伤或昏厥。

打喷嚏的确会损伤眼睛。在19 世纪，《纽约时报》报道了一位女士在乘坐有轨电车时因为打喷嚏太用力，结果眼球从眼眶中弹了出去。这则消息其实是个都市传说[1]。首先，眼球由六块肌肉固定在眼眶内；再者，强健的肌肉不可能被一个喷嚏给撕裂。不过，力度太大的喷嚏确实能让视网膜脱落，但闭眼睛并不能防止视网膜脱落。

打喷嚏对于非洲野狗来说非常重要。非洲野狗是群居动物，8 到 12 只为一群，由一对能繁殖的雌雄野狗统治。野狗群体中也有一定程度的民主。是否要停止休息，继续前进，做这样的决定往往会牵扯到很多因素。一般先有一只野狗起身准备前进，第一只狗的地位高低决定了它对其他成员的影响力。但光有一只野狗发出行动信号是没用的，有第二只或第三只野狗也表示赞同才更有说服力。最终，是否前进由大家投票表决——打喷嚏就是它们的表决方式！其他犬科动物也会打喷嚏，不过非洲猎狗是动物世界中唯一一种会用打喷嚏进行交流的物种。

① 都市传说：在都市间广为流传的故事。都市传说通常来说都是假的，很多其实是受真实事件启发，然后人们在传播过程中添油加醋演绎成了不同的故事。

试一试!

美国马里兰大学的罗伯特·普洛文（Robert Provine）曾经拿自己做实验，想看看打喷嚏时能不能不闭眼睛。他发现自己的眼睛可以睁开；但他也注意到，如果睁着眼睛的话，打喷嚏的冲动也常常会消失得无影无踪。想要打喷嚏时，用手指捏住鼻梁或者往上推鼻尖也有异曲同工的效果。这些动作为什么会赶走喷嚏？没人知道答案。

普洛文还尝试了“用嘴巴打喷嚏”，也就是用手指捏住鼻孔，把气流逼到嘴巴里，光用嘴巴打喷嚏。普洛文认为，如果你感觉用嘴巴打喷嚏跟用鼻子打没什么两样，说明你平时打的喷嚏并没有达到清理鼻腔的效果。他也试着“咬紧牙关”打喷嚏，事实证明这同样行得通，但明显感觉有些不对劲。大家最好不要尝试紧闭双唇，只用鼻子打喷嚏。想让喷嚏所产生的巨大压力顺利通过狭窄的鼻道并非易事：强大的反向压力可能会损伤鼓膜。

打喷嚏时闭上眼睛是为了阻挡从口鼻喷出来的细菌或者病毒进入眼睛，这个说法有没有道理呢？我认为这个解释很难令人信服。打喷嚏时气流的方向多半是向外和向下的，而不是朝上，冲着眼睛的方向。我们的眼睛倒是在别人打喷嚏时更容易飞入细菌或病毒。

为什么打喷嚏时会闭上眼睛？事实上我们并不知道其中的缘由。

4.从飞镖游戏中能学到哪些人类进化的知识？

这个问题或许很奇怪，但实际上我们可以从投掷飞镖的动作洞悉在进化为现代人类的过程中，我们的手臂、手腕和双手是如何演变的。

要是你看过扔飞镖的电视节目，你或许会有些纳闷，这样无聊的节目居然有人喜欢：一堆没什么运动天赋的人排成长队，轮流走到一条直线前面（专业的说法是“投掷线”），然后做同样单调的事。选手们盯着目标，接着突然挥动小臂和手腕，以惊人的准确度命中靶子，而且整个节

目长达几个小时，选手们来回重复着同样的动作。在专业比赛中，选手必须特别精准，至少从理论上讲应当如此，每次投掷必须控制在千分之几秒内，而且每次速度都要相同。有些专业选手追求理想的手部姿势，这样投掷时比较从容，犯错的可能性也更小；也有些专业选手会通过反复的练习以精准地控制时间。

手腕的动作最有意思。多数飞镖运动员会把飞镖放到眼睛一侧，然后猛地伸出小臂和手腕，并保持两者在一条直线上。小臂动作没什么特别之处，不过手腕动作倒是很值得关注。手腕先是往后竖起，接着快速向前翻转，两个动作是在同一个平面完成，就像机械节拍器的摆杆。这一动作专业的说法叫腕关节尺桡偏。

手外科医生和人类学家对扔飞镖过程中手臂和腕关节的运动非常感兴趣，他们还专门将其命名为飞镖投掷动作，简称DTM。医生之所以会感兴趣是因为腕关节的构造非常复杂，充分细致了解手腕运动的性质能帮助他们修复受伤的手腕。而人类学家之所以好奇，则是因为他们能从中获得人类祖先的信息。

现代人类和黑猩猩有着共同的未知祖先，数百万年前，人类

从中分离出来，身体结构也发生了巨大的变化：脑容量变得更大，能完全直立，双手更发达，功能也更强大；能完成不同种类的工作，比如打字、抓握工具、投掷。并不是说人类的手变得更高级了，而我们的亲戚类人猿则比较低级——每一个物种手部的进化都是为了做最适合自己的事情。

人类的手有个显著的特征，那就是对生拇指。我们的大拇指和黑猩猩的截然不同：看看手掌，你会发现你的大拇指指尖能够到食指最下面的那个关节，而黑猩猩的大拇指只能够到掌心的一半。人类和黑猩猩的大拇指位置和伸展方面存在差异，我们的手更灵活多用。

另外，人类的手腕也很特别。举例来说，红毛猩猩与长臂猿的腕骨与人类的腕骨有着细微的差别，所以它们可以悬挂在树枝上自由旋转，而我们则不能。而大猩猩与黑猩猩行走时离不开指关节的支撑，因而它们的腕骨也更强健，能承受住身体的重量。而人类是直立行走的，因此不需要指关节的支撑。

几十年来，人类学家一直认为，学会扔石头捕猎动物是人类进化过程中关键性的一步，这不仅为人类提供了食物，也有益于大脑的开发。人类是以右利手为主的物种，在投掷时负责控制右手精准动作的是大脑的左半球，但大脑的左半球（通常）也掌管着语言功能。（说话和打手势）这两种语言以及投掷都需要一系列的肌肉运动，假如人类是先学会投掷，那么大脑便能更好地整合肌肉运动的序列为语言服务。飞镖投掷动作就是远古人类扔石头捕猎的现代版。

扔石头捕猎在人类进化过

程中所起到的重大作用，或许只是种推测，但石器的发明无疑是具有重要里程碑意义的事件。首先，这需要大胆的想象力，早期人类在敲击石头时，能很快想到如何把石头变成顺手的工具。想到还要做到：首先，人们把大块石头锋利的边缘作为工具来切割东西；接着，人们注意到大块石头还能再加以利用，于是把它变成了更加致命的工具，比如矛。把石头变成工具所进行的操作离不开早期人类敏捷的双手与灵活的手腕，尤其是手腕动作。并且，人类投掷矛时需要大脑协调手臂和手腕，先加速，然后在恰当的时机投出，确保它沿着正确的轨道飞出；如此反复，如同投中飞镖靶上的 3 倍 20 分区[①]一样，不能有任何差错。要想实现这一目标，两块最靠近小臂的骨头——手舟骨和月骨在投掷的时候几乎不能有任何移动，这样才能保证动作的稳定和流畅。

① 3 倍 20 分区：红心向外中等大小的圈是 3 倍区，打中后的得分是对应分数的 3 倍。

5. 为什么我们有膝盖骨却没有"胳膊肘盖骨"呢？

答案很简单：我们不需要。不过问题背后的知识很有意思哦。

假如真长了"胳膊肘盖骨"的话，那我们身体里"籽骨"[1]的数量就会多出两块。多数籽骨只有芝麻籽那么大——它正是因此而得名。另外，多数籽骨连着肌腱或者被肌腱所覆盖，当关节动起来的时候，附着于骨骼上的肌腱承受着一定的压力，而籽骨可以分担肌腱的压力。

我们的手部就有几块籽骨。伸出右手，手心向下，大拇指与手掌相连处就有两块小小的籽骨。除此之外，食指内侧、小手指外侧，还有两块籽骨。研究表明，大拇指上一直长有籽骨，食指和小拇指约有一半的时间长有籽骨，中指约有 3% 的时间长

① 籽骨：也叫种籽骨，是位于关节周围肌腱处一些圆形或扁圆形的游离骨骼。

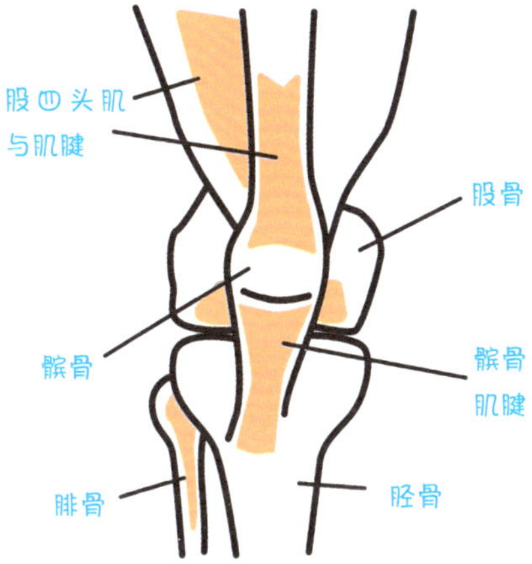

踢腿机械装置膝盖的构造

有籽骨，而无名指只有约 1% 的时间长有籽骨。我们的脚部也有籽骨，并且有些人手上和脚上的籽骨还会比一般人多几块。

人身体中最大的籽骨是膝盖骨，解剖学称之为髌骨。髌骨很大，膝关节活动时，它的作用至关重要。髌骨位于膝关节前侧，嵌在上方的股四头肌腱和下方的髌骨肌腱之间。两块肌腱共同作用，协助大腿肌肉，也就是股四头肌移动膝盖。当股四头肌收缩变短时，两块肌腱跟着拉动骨头，小腿随之抬起。

在整个过程中，髌骨也发挥了作用，因为它连着小腿骨，可以增大髌骨肌腱的角度。髌骨能稍微抬高髌骨肌腱，这样股四头肌收缩所产生的力量便能得到更好的利用。打个比方来说，髌骨

有块神秘的骨头，名叫腓肠豆。通常这块籽骨跟玉米粒一般大小，有些人的腓肠豆位于膝盖的后方。奇怪的是，这块骨头变得越来越常见。据检测，过去的一百年中，长有腓肠豆的人的百分比从 11% 增加到了 39%，而原因并不确定。现在人们摄入的营养越来越丰富，胫骨变得更长了，小腿肌肉也更发达了，这些变化给膝盖带来了更大压力，而籽骨（比如髌骨）可以在关节肌腱运动的过程中起到缓冲作用。或许这就是越来越多的人体内会长腓肠豆的原因吧。

就好比小提琴上的琴马，它顶住琴弦，将其抬高，这样琴弦才能绷得更紧。再拿推门打个比方，虽然两者不尽相同，但有相似之处：从靠近把手处推门比从靠近合页处推门要容易得多。从合页到把手的这段距离可以增大作用力，而更大的作用力则意味着更快的速度。就腿而言，也就是出腿更快。足球运动员梅根·安娜·拉皮诺埃（Megan Rapinoe）①和克里斯蒂亚诺·罗纳尔多（Cristiano Ronaldo）②真应该跟自己的髌骨说声谢谢。

最大限度地利用股四头肌收缩所产生的力量非常重要，因为膝关节对肌肉和肌腱的要求很高。那么我们究竟为什么没有胳膊肘盖骨呢？这两个关节明明属于同一类，不是吗？

这么说有些道理，但并不全对。跟腿部一样，我们的上臂也只有一根骨头，而小臂则有两根骨头；上臂的肌肉肱二头肌和肱三头肌轮流工作，这样胳膊才能屈伸。但肱三头肌是直接与胳膊肘突出的骨头相连的，中间并没有籽骨来帮忙。

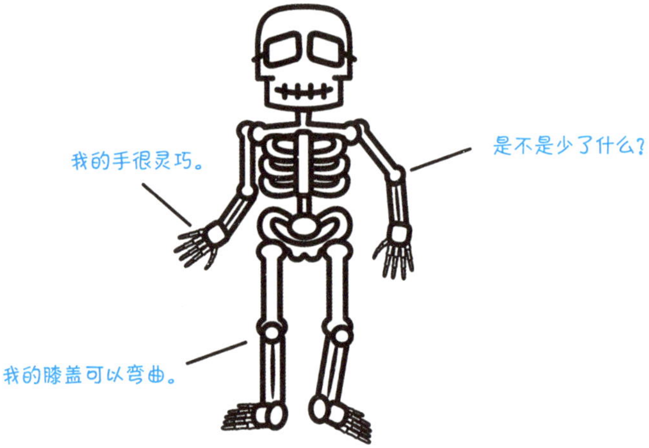

① 梅根·安娜·拉皮诺埃：美国女子职业足球运动员，司职中场。
② 克里斯蒂亚诺·罗纳尔多：葡萄牙足球运动员，司职边锋 / 中锋。

知乎？

有些人的肘部好像真长了盖骨，一块与籽骨十分相似的、单独的骨头。但其实那只是肘部骨头（肱骨、桡骨或尺骨）的一部分。这种情况要么是生下来就如此，要么是后来从其他骨头分离出来的。这种现象非常罕见。

人类没有胳膊肘盖骨，部分原因是弯曲肘部不像抬腿走路和跑步那样，需要很大的力量。另外，两个关节的骨头相连处也不一样：大腿骨与小腿骨接头处的骨头，其表面是平的；而小臂骨头的末端却是凹进去的，刚好托住上臂骨头，因而更加稳固。稳固的关节能让肌肉的力量得到更充分的利用，所以长胳膊肘盖骨其实是多此一举。并且，当我们动腿的时候，与固定的杯状膝盖骨相比，可以活动的膝盖骨也能更好地利用股四头肌的力量。

人类是双腿行走的动物；四足动物，包括哺乳动物，也跟人类一样，多半后肢有籽骨而前肢没有，这多少有点让人吃惊。还有些令人百思不得其解的矛盾之处：恐龙没有籽骨，但跟恐龙差不多生活在同一时期的早期鸟类就有。现代鸟类中，鸵鸟有一对籽骨，但其他不会飞行的大型鸟类，比如鹤鸵[①]和鸸鹋[②]就没有

---

① 鹤鸵：为鹤鸵目鹤鸵科的鸟类，共有 1 属 3 种，又称“食火鸡”。体形高大，头顶有保护性角质头盔。它们的双翼比鸵鸟和美洲鸵鸟退化得更早，不能飞。在热带雨林地区栖息，成对或独栖。擅长奔跑和跳跃，性机警、凶猛，具有较强的攻击性。

② 鸸鹋：鸟纲鸸鹋科唯一的物种，体高 150 ~ 185 厘米，体重 30 ~ 45 千克，寿命 10 年。擅长奔跑，是大洋洲的特有物种，世界上第二大鸟类，仅次于非洲鸵鸟，因此也被称为澳洲鸵鸟。

籽骨。

对此我很困惑。大型四足动物（如熊和驼鹿）以及不会飞的大型鸟类（如鸸鹋）在奔跑的时候，前腿要承受很大的力量，但它们却没有膝盖骨。鹿、麋鹿、熊或马的前肢也都没有膝盖骨。它们是不是有什么办法能减小奔跑时前腿的压力？如果是，它们是怎么做到的？抑或是籽骨并没有我们认为的那么重要？

爬行动物没有籽骨，不久前人们以为青蛙也没有，但现在这一错误的看法得到了纠正——原来只是我们没留心而已。青蛙也有籽骨，这说明籽骨非常古老，或许 4 亿年前就已经存在了——比与恐龙同时代的早期鸟类还要古老——不过根据化石记录来看，籽骨似乎时有时无，是断断续续出现的。

为什么人类没有胳膊肘盖骨呢？依我看，答案再简单不过：我们不需要。

6. 为什么吃豆子会放屁？

大家都知道豆子，无论是芸豆、花腰豆、黑豆还是红腰豆，无一例外都是肠胃胀气的罪魁祸首。（不过 1949 年的一项研究表明，抱子甘蓝令人胀气的实力也不容小觑。）问题是：为什么吃豆子会放屁？

豆类产品的卖点就是这一问题的答案：豆类含有大量的膳食纤维。膳食纤维对我们的健康固然有益，但也会让我们在人群中感到难堪，因为膳食纤维是一种多糖，人类无法对其进行消化吸收，但细菌却能轻而易举地将大分子的多糖分解。好消息是我们的大肠里有无数的细菌，它们不仅能够分解多糖，同时也能保护肠道的健康。坏消息是细菌辛勤的工作也会带来意想不到的结果——把一屋子的人都熏跑。

问题在于肠道里的细菌，我们身体里的“微生物”，是在缺乏氧气的情况下工作的，所以它们不得不通过发酵来分解难以消化的多糖。臭气就是发酵的产物——有时候数量还相当可观。

一篇 1991 年发表于学术期刊《肠病学》的文章描述了一项

科学揭秘！

一些研究表明，多数人每天平均放12到25个屁。你或许会这么想：屁既然是气体，那么在肠道内应该往上升，而不会往下沉，那么人躺下的时候应该比站起来的时候放的屁要多。但事实并非如此：在一次实验中，研究人员将气体导入研究对象的肠道，然后追踪气体排出的路径，结果发现，站立时放的屁更多。这是因为肠道内发生了其他的物理作用：肠道肌肉收缩的力量也会作用于气体，将它赶出体外。

实验：科学家们在十个实验对象的日常饮食中添加了一部分豆类（对照组的饮食则不包含膳食纤维），所有人都配备了一个“不透气的弹性橡胶管”，一头固定于那个大家心照不宣的位置，以收集肠道中排出的气体；另一头则插入一个透明塑料薄膜气体收集袋。袋子肯定不会漏气，因为之前已经有两名热心的志愿者“把下半身浸入温水中”坐了一个小时，收集肠道排出的气体，在这期间未监测到任何“气泡声”。

收集了一天后，研究人员将管子和袋子移除，然后对所收集的气体进行测定。膳食中添加了豆类的实验对象排出的气体大约是500毫升（0.5升）到三倍以上的1500毫升（1.5升）。给大家做个参照，你平时爱喝的大杯拿铁大约有500毫升，1.5升大

约相当于某些品牌的大罐牛奶的含量。而饮食不含膳食纤维的人排出的气体平均只有 200 毫升。

你以为男人和女人放屁的多少也会有所区别？不过事实或许并非像你想的那样。在另一项研究中，实验对象的饮食中添加了豆类，研究人员同样收集了他们排出的气体。除去寻常的二氧化碳、氢气、甲烷，这些气体中还包含少量的含硫的气体，比如硫化氢、硫氢甲烷和二甲基硫。两位臭味评判员（！）给臭味打分，分值从 0 分（无臭无味）到 8 分（臭不可闻）不等，他们断定这些含硫的气体是屁臭味的重要来源。相比男性，女性所排出的气体含有更多的硫化氢，也更臭；但男性排出的气体更多。所以，最后的结果是男性和女性打成平手，他们排出的含硫的气体体积大致相同。

如果为了不放屁而避免豆类的摄入，那么我们将会失去膳食纤维一个重要的来源。如果屁多让你感到苦恼的话，你可以试试下面的办法。

据报道，坚持摄入豆类，几个星期过后，屁就会变少；不过这或许是因为有些人没注意到自己的屁，并非肠道内真的发生了变化。（假如你因自己放屁多

比较介意，用这个办法骗自己也挺好。）还有很多菜谱教大家如何处理豆子以避免胀气，比如把豆子和干芥末一起煮；或者先将豆子浸泡四个小时，沥干冲洗，然后再烹饪。市面上甚至还有专门的药物，比如 Beano 或 Digesta。Beano 中含有人类身体缺乏的一种酶——α－半乳糖苷酶，它可以在小肠中就把麻烦的多糖给分解掉，这样它们还没来得及进入大肠，就已经被消化了。Digesta 中除了含有 α－半乳糖苷酶，还有其他四种酶。

约瑟夫·普耶尔先生（Joseph Pujol，1857—1945）是个以放屁为生的艺术家，也就是“放屁艺术家”。他能轻松自如地控制自己的屁，模仿不同的声音：加农炮声、动物的叫声，甚至音乐。在巴黎红磨坊登台时，他甚至奏出了法国国歌《马赛曲》，他利用自己身体释放出的气流，让管乐器奏出曲调。但他究竟能不能算得上“放屁艺术家”呢？尽管他排出气体的声音跟放屁声很相似，但那不是大肠所产生的气体。普耶尔先生能把空气吸入体内，然后排出来，这本领真是令人惊叹。熟练确实熟练，可并没有多了不起。

前文提到有个研究团队专门设置了臭味评判员，这个团队也做了很多努力以寻求减轻屁臭味的解决方案，但他们的方法实用性不强。该团队发明了活性炭衬垫，它可以有效吸附臭味。研究人员把衬垫放进“不透气的马裤”里，然后释放与屁的成分相当的混合气体，结果发现活性炭的确能显著减轻臭味。不过他们也承认，日常生活中穿着里面有活性炭衬垫的不透气马裤的确“很笨拙”。

到目前为止，还没有人尝试过在饮食中添加能产生香气的食物——但我敢肯定，已经有科学家在摩拳擦掌，跃跃欲试了。

7. 我们能循着气味找到家吗？

我猜多数人看到这个问题都会立刻回答“不能”，除了那些住在面包店的人。这一回答可以理解。想想看，我们先得辨别气味，然后判断气味是从哪个方向飘过来的；而且我们还需要一张嗅觉地图，把闻到的气味与各处的气味对比一番，这样我们才能知道离家还有多远。不过大量证据表明，这些对鸟类来说都是小菜一碟，也有证据表明人类也能做到。

我们区分不同气味的能力到底如何呢？狗能嗅出旅行箱里藏匿的毒品或某些疾病的气味，对此我们都有所耳闻，真是让人类汗颜啊。但最近的一项研究表明，人类能够区分出上万亿种气味。我们可以辨别出 34 万种声音，

能区分约 750 万种颜色；与之相比，人类的嗅觉毫不逊色。

判断气味是从哪个方向飘过来的或跟踪某种气味，这些人类都能做到。在一项研究中，科学家在草地上放了些巧克力，放置的路径是不规则的，然后把志愿者的眼睛蒙上，请他们追踪气味，沿着 10 米长的巧克力路径往前爬。

无可否认，与空气中隐约飘荡的巧克力香味相比，放在地上的巧克力所散发的味道确实更持久，不过这个实验至少说明人类具有追踪气味的能力。研究人员又堵上实验对象的一个鼻孔，结果发现他们迷失了方向，也就是说，人类需要两只鼻孔才能实时同步对比气味。假如一个鼻孔中的气味逐渐消失了，他们就会及时纠正方向，确保两个鼻孔都能嗅到气味，不偏离目标。研究所记录的爬行路线，说明他们的确是这么做的——跟许多动物的做法完全一样。

不过这个实验还是有些简单了。要想循着气味找到回家的路，我们得具备利用附近的气味定位的能力，科学研究甚至证实了人类具备这种能力，虽然只是小范围的。在这项研究中，志愿者进入一个房间，墙边摆放了小型密封容器。研究人员提前在其中的两个容器中放入有香味的东西（他们用了三种材料：茴香油、甜桦木油和丁香油），又把地面划分成棋盘状——房间长8.3米，宽6.4米，每个正方形的边长约1米。

研究人员把实验对象的眼睛蒙上，给他们戴上耳塞和除噪音的特制耳机，然后将所有容器的盖子打开，包括那两个装有香油的容器。研究人员带领他们在房间内无序地走动，好让他们辨不清方向。接着，研究人员让他们在一个预先选定的方格内停下来，稍作停顿，然后请他们“闻闻这个位置的气味”。研究人员再带领他们走回出发点，并摘掉眼罩、耳塞和耳机。研究人员接着请实验对象找到刚刚他们站立的位置。无论成功与否，实验对象都会被再次领到出发点，戴上眼罩、耳塞，不过这次耳机换成了鼻塞——然后再回去寻找那个目标位置。

研究结果在我们的意料之中：实验对象未戴鼻塞时能更接近目标位置，平均近了 70 厘米。这与在树林中寻找棚屋的确不同，要知道这可是封闭的空间，结果更可信。人类的嗅觉能起到如此的作用很了不起：他们能通过气味找到自己曾经所处的位置！

人类究竟是否能通过气味找到回家的路，这个问题学者们或许会一直研究下去。

科学揭秘！

众所周知，狗的嗅觉比人类要灵敏。一方面，它们的鼻子里有 3 亿个气味接收器，而我们只有 600 万个。除此之外，它们的大脑更擅长分析气味。但我们人类也不逊色，实际上，我们比狗更擅长辨别化学物质的气味。狗的确很聪明，可我们的大脑更大，我们能用人类特有的方式分析和处理气味的信息，这是狗所无法企及的。人类只是没有认真系统地训练过自己的嗅觉，否则我们的嗅觉也会像狗一样出色。这也是调香师、品酒师和美食家能够胜任工作的原因。

参与上述实验的一位科学家，加州大学伯克利分校的心理学家露西亚·雅各布斯（Lucia Jacobs），提出了一个理论框架，她认为人类灵敏的嗅觉至少应该部分归功于物种的进化。雅各布斯博士首先提出了一个问题——在所有的灵长类动物中，为什么

人类的鼻子是凸起的（凸起的鼻子也叫“外部金字塔”）？在人类脑容量变大，并且能直立行走之后过了很久，鼻子才开始进化，当时大约是在 150 万年前。在过去将近一个世纪的时间中，科学家对此给出的解释是，因为鼻子越来越往外突出，所以鼻道也越来越窄，这样吸入的空气在进入肺部之前，能在狭长的鼻道中变得温暖而湿润。而温暖潮湿的空气会使呼吸更轻松顺畅，这对于我们居无定所的祖先来说是非常重要的。有证据表明，生活在气候温暖湿润地方的人鼻翼更宽，鼻子也更短；而居住在寒冷地区的人鼻翼更窄，鼻子也更长。但我们并不确定是否如上述理论所阐释的，空气会在人类鼻子中变得温暖而潮湿。

雅各布斯从另一个角度进行了分析。如果说凸起的鼻子让早期人类获得了靠气味识别方向的能力，那么它会产生怎样的影响呢？从早期人类的颅骨化石来看，当我们的祖先开始声势浩大地走出非洲时，他们的鼻子才约莫有点现代人鼻子的样子。居无定所的祖先们需要“导航设备”，越多越好。很难想象那时候有哪些气味起到了关键作用，淡水、植被或者成群的动物，都为他们提供了雅各布斯博士所说的“远距离感觉通道”。现代人的鼻子能让两个鼻孔同时吸入空气而互不干涉，也许这样可以更好地比较两边气味的差异，就像巧克力路径实验中的被试一样。凸起的金字塔形的鼻子还有个玄妙之处——鼻孔是向下的。我们没办法像狗一样和地面上臭哄哄的东西来个亲密接触（幸好不能！），因为我们是站着走路的，所以鼻孔向下能让我们更容易闻到来自地面的气味。

雅各布斯博士的理论还可以解释为什么世界各地的人的鼻子如此多样。假如鼻子的进化是为了定位导航，那么不同形状的鼻子也证明，人类嗅觉所面临的挑战会因时间地点的不同而发生改变。160 万年前最适合我们祖先的能力，或许到了 50 万年或 100 万年之后已经无关紧要，但鼻子可能为早期人类的第一次大迁移指引了方向。这个观点真是棒极了。

8. 大拇指和大脚趾，哪个更重要？

先说明一下，这是场友谊赛！它们同样重要，不然我们为什么要长大拇指和大脚趾呢？而且，在动物世界中，它俩都是独一无二的。这道选择题看似简单，但我们不仅要考虑到它们今天存在的意义，更要考虑到它们在早期人类进化过程中所起的作用。它们分别起到了哪些作用呢？

大脚趾是人类能直立行走的关键。迈步时，我们的身体会往前倾，脚跟先着地，接着脚掌向前抬起，然后从大脚趾开始继续下一步。据估计，每迈一步，大脚趾都要承受迈步所产生的压力的 60% 到 70%，所以大脚趾不仅最大，也最强健。它的存在就是为了承受住力量，这对于人类特有的直立行走方式而言，是至关重要的。

或许你会说大拇指的存在使人有别于其他动物。确实如此。从手的大小来看，人类的拇指确实比较长，肌肉发达，关节灵活，这些特性能让它毫不费力地触碰到其他四个手指的指端——也能按压。相比之下，所有猿类的手指长且弯曲，但它们的拇指比人

类的要短许多。人类的“对生拇指”样样在行，从拿锤子、铅笔、球或者针线，到拧开罐头瓶盖子……统统不在话下。要是列张单子的话，我们双手能做的事情跟双手能摆弄的东西一样多。有的动作需要力量，有的需要精准度；无论哪种情况，大拇指的作用都举足轻重。想想看，如果没了大拇指，我们甚至无法用手势表示赞赏。那也太糟了！

科学揭秘！

毋庸置疑，“人类是从猿猴进化而来”这种说法是错的，可仍然有人固执地认为人类的祖先是长得像现代黑猩猩的某种动物：用指关节撑着地面行走，会爬树，比现代人矮壮敦实。没错，我们与黑猩猩确实有关联——所有的猿类中，黑猩猩最接近人类——但我们不是从它们进化而来的。大约 500 万年前，我们有着共同的祖先，但那以后我们就分道扬镳了。

最近发现的人类祖先的骨骼，为大拇指和大脚趾的进化提供了一些线索。被命名为“艾迪”（Ardi）的拉密达猿人（她是个女人），生活在距今 440 万年前的现今的埃塞俄比亚境内，她的骨骼保存得近乎完整（非常罕见），是目前所发现的最古老的早期人类骨骼。她高 1.2 米，体重约 54 公斤，大脑跟黑猩猩的大脑差不多大小，而且她是直立行走的——但跟我们的行走方式有些区别。

她的脚既能适应行走，又能适应攀爬。她的整个脚掌不会弯曲，从而能提供杠杆一样的支撑，就像我们骑马时一样。但她的脚趾能向上弯曲，并且每走一步，脚趾就会向上弯曲。不过同对于人类的步态而言至关重要的大脚趾相比，她的大脚趾并不适合直立行走：它相当灵活，可以够到其他脚指头，想必是为抓紧树枝，在树上灵巧地活动提供方便。她的脚趾，从某种程度上来说，是“对生脚趾”。艾迪虽然看似灵便，既会走路也会爬树，但很可能两样都不在行。

艾迪的手跟人类的手并不完全一样，但又不同于黑猩猩：黑猩猩的手很结实，手指无法弯曲，所以它们才能借助关节的支撑走路。但艾迪的手并非如此，很可能她不需要指关节的帮助就可以在地面上行走。（另外，她双脚的结构也能实现直立行走。）艾迪的大拇指比人类的要短一些，但比大猩猩的拇指长，甚至比黑猩猩的还长。假如她是现代人的祖先，这就意味着从艾迪生活的年代到现代，人类的大拇指并没有太大的改变；可大脚趾却在不断进化，特别适合直立行走。

艾迪的手脚似乎说明，既然

人类的祖先在大脚趾未进化完全的情况下也能直立行走，那么大拇指在人类的演变过程中的作用则更重要。大脚趾能帮助人类在狩猎时快速奔跑，但能用灵巧的双手制作石器工具才是必不可少的技能。并没有证据表明艾迪会制作工具（人类发明工具的时间比她生活的年代要晚得多），但关键问题是：究竟是工具的制作加速了人类手部的进化，还是相反的情况？直立行走解放了人类的双手，那又是怎样改变了我们的双手？

时至今日，有充分的证据证明我们离不开大拇指。那些被切除了大脚趾的人仍然大致能正常行走，可那些没了大拇指的人生活则非常不便。事实上，用大脚趾来替代大拇指的手术并不罕见（新的指头叫“脚趾大拇指”），尽管这类手术非常复杂。

但没有人会移植大拇指来替代断了的大脚趾，这进一步说明大拇指是身体更重要的部分。不过大家肯定都觉得大拇指大脚趾一个都不少比较好。

虽说没了大脚趾仍然能走路，但这并不是说我们不会感到不便。对于一位生活在公元 1000 年前的古埃及女人来说，这话可一点都不假。考古学家发掘出她的干尸后，发现有一个木制的大脚趾系在脚的前端。这个大脚趾看起来非常逼真，甚至还刻出了脚指甲，底部的磨损说明她走路时也戴着它。

9. 为什么手指在水里泡久了会皱巴？

大家都有过这样的经历：不管是在浴缸、热水池里泡久了，还是洗碗之后（现在有了洗碗机，这种情况不多见了），手指尖儿都会变得皱巴，晾一会儿才会恢复平滑。

长久以来，人们对针对这一现象的解释是毫无异议的。如果手指浸泡在水中的时间足够长的话，水会逐渐渗入手指皮肤的表层，但渗透不到里层；表层的皮肤会因此而膨胀，但与里层的皮肤又无法分离，所以就会变得皱巴，起伏不平。有位研究人员把褶皱的形成比作帐篷塌陷时褶皱产生的过程。不过帐篷的褶皱是杂乱无序的，但我们指尖的褶皱与指纹凸起的纹路是一致的；而纹路可以固定住皮肤，纹路之间的皮肤则会塌陷下去，等干透了，

它才会恢复原状，与内层的皮肤再次紧密贴合。

皮肤起皱的程度并不相同。水越热，碱性越强，褶皱越明显，所以洗碗时（使用碱性强的热水）手皱巴得特别厉害。粗糙的皮肤反应更明显，但油性皮肤则会抑制这种反应。我们身体大部分的皮肤都会分泌油脂，但手掌和脚掌的皮肤则不会，这也是指尖和脚趾会产生褶皱的原因（你不妨观察一下）。

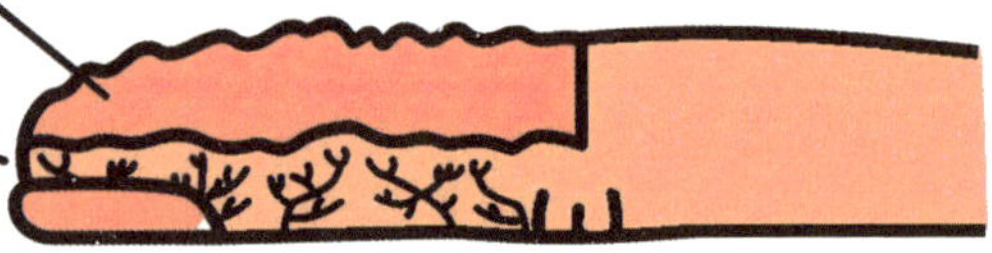

看起来不过是简单的身体变化，但我们现在知道这和人类的神经系统有重大关联。若干年前，医生注意到那些因为外伤指尖失去知觉的人，比如腕管综合征患者，他们的皮肤即使在热水中浸泡也不会产生褶皱。这是因为假如里层皮肤的血管完全扩张，血压很高，会让皮肤表层绷紧；而只有表层的皮肤才会起皱，所以指尖不会产生褶皱。皮肤下面的血管是扩张还是收缩，由周边的神经控制；假如神经出了故障，血管就不会收缩，也就不会出现褶皱。（这个生理机制非常普遍，医生会用浸泡这个简单方法来检测手指外伤情况。）

我们早就知道了手指会皱巴的原因，但直到2011年，解释其渊源的理论才问世。有位名叫马克·昌吉赞（Mark Changizi）的科学家与他的同事指出，手指皱巴让早期人类——也就是我们的灵长类祖先——在下雨天能更好地抓握；这对于大部分时间都在爬树的灵长类而言，具有重大意义。昌吉赞认为，我们手指上的褶皱实际上跟轮胎胎面上的纹路类似，它能让轮胎在湿滑的路面上行驶时更稳当。

轮胎接触地面时，凹槽中的水受到挤压，之后流走。同理，手指按压湿滑的表面时，皮肤上褶皱中间的水也会被挤压出去。手指越用力，指尖与表面贴合得越严密，抓树枝也就更紧。其实这种临时出现的褶皱比防滑鞋底上永久留存的纹路要好，因为鞋底上只有凸起的部分能接触到地面，凹槽则接触不到。

昌吉赞还用类比的方法论证自己的观点：指尖褶皱所形成的外观与高地上天然形成的排水沟的外观很相似——顶端土壤表层的水往下流入山谷。他的假说并非无人问津——或者说并不是无人质疑。首先，英国纽卡斯尔大学的一个研究团队对这一假说进行了验证，志愿者用右手拿起潮湿或干燥的玻璃弹珠，投入直径 5 厘米的孔中，然后用右手接住；接着把弹珠投入盒中，盒盖上有个孔，直径也是 5 厘米。有些志愿者的手指是光滑的，有些则是皱巴的。能否抓稳干燥的玻璃弹珠，手指皮肤的状态并无影响；可如果弹珠是潮湿的，皱巴的手指完成得更好，动作也更快。

另一个研究团队重复了这一实验，然而他们发现皱巴的手指实际上是个不利因素。除此之外，他们还测试了两种情况下指尖的触摸灵敏度。不过他们也承认，把玻璃弹珠从一个容器拿到另一个容器并不是验证昌吉赞理论的理想方法；并指出，用手指握紧一个物体，然后将其拽出，测量用了多少力，这个方法更合适。

但马克·昌吉赞进一步指出，用玻璃弹珠做实验根本没抓住他的理论的要领。他提出了一种类似“跑酷”运动的实验：让手指有褶皱的接受测试的人员分别在潮湿和干燥两种状态下，通过抓握器具支撑着跳跃前进。他还说，为什么不考察一下其他物种，尤其是那些生活在潮湿环境中的动物，看看它们有没有进化出会起皱的手指呢？显然，要做的工作还很多！

失 物 招 领

10. 我们能活到两百岁吗？

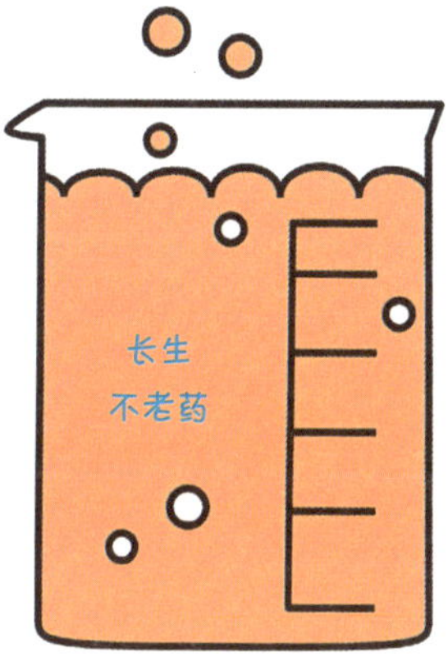

我猜多数人都希望自己健康、快乐和长寿。我估计大家对“健康”和“快乐”的理解也几乎一样。但怎样才算“长寿”呢？活多久才算长寿？当今的科学家与未来学家认为，未来人类的寿命，是我们现在所定义的长寿所望尘莫及的。

几个世纪前，能活到八九十岁的人少之又少，但这并不是因为人类没能力活那么久。传染病、心脏病、癌症和中风早早地夺去了多数人（但不是全部）的生命。但现在情况大为改观。在100年前的北美，人平均大概能活到60岁，女性平均寿命长一些，男性则短一些。现在，这一数字已经从60增长到了80出头，女性同样活得要更久一些。事实表明，发达国家人口的平均寿命每过四年就会增长一岁，这一趋势从19世纪中期就开始显现。然而这只是广义平均数，仔细分析的话，这就意味着现在出生的婴儿的寿命比20分钟之前出生的婴儿要长5分钟！我特别希望小宝贝们能充分享受这多出来的5分钟！

人类寿命的延长主要归功于婴儿死亡率的降低；疗效更好的药物的问世，比如抗生素；以及心脏病死亡率的下降。可是人类的寿命会无限延长吗？

人类历史上最长寿的十个女人都超过了116岁，有几位现在仍然健在的女寿星的岁数也是116岁。目前活得最久的人是法国的让娜·卡尔蒙（Jeanne Clament），她于1997年去世，年龄超过了122岁（尽管该纪录的真实性存疑）。最长寿的十个男人的岁数几乎都要小一些：其中只有一位，日本的木村次郎右卫门活到了116岁。仍然健在的年龄最大的男人约112岁。

这些数字已经相当惊人了，可我们能不能活得更久呢？越来越多的科学家对此持肯定态度；有些大胆的推测甚至认为人类的寿命会远超那些数字。科学家们为何如此笃定呢？

首先，很多动物的寿命都比我们长得多：石斑鱼能活到150岁，弓头鲸能活到200岁，神奇的格陵兰鲨鱼能活到300岁。这还不是最神奇的，有些现在仍然活着的动物似乎能长生不老，或者寿命长到我们不知道它们到底已经活了多久。它们与我们生理上的差异很大，它们身体里或许含有特别的化学物质，而这些化学物质就是长寿的秘诀。

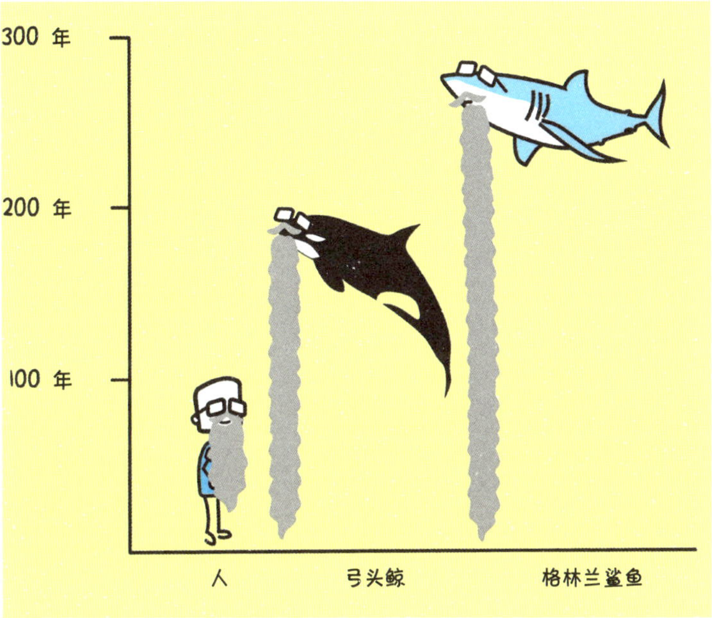

科学揭秘！

弓头鲸生活在北冰洋的西部，寿命可达 200 岁。2007 年，因纽特人曾捕获一只弓头鲸，其鲸脂中插了支捕鲸叉——后来证实这支捕鲸叉已经伴随它 100 多年！

有一种动物叫作水螅，身长约 1 厘米，会躲在隐蔽处伺机捕食。它生长在池塘中，身体呈管状，一端长有触手，另一端能将身体固定在植物上。水螅会耐心等待自投罗网的猎物。它们非常神奇：无论你将它切成两块、四块，还是随意切割，每一块都能长成一只新水螅。水螅永不死亡的原因在于它们的干细胞①取之

① 干细胞：一类具有在一定条件下无限自我更新与增殖分化能力的细胞。

不尽，用之不竭。

干细胞可以转变成分化细胞，并能帮助修复组织。遗憾的是，虽然我们出生时体内的干细胞很充足，但多数干细胞会随着我们的成长分化成多种细胞——水螅却并非如此——分化后的细胞只有较少一部分有助于再生。而且，糟糕的是，多数分化后的细胞也不会更新。

还有个令人称奇的例子是裸鼹鼠。裸鼹鼠居住在东非的地下洞穴中，是群居动物。比老鼠体形略大，你或许以为它的寿命只有6年，但实际上它能活到30多岁。因为人类对裸鼹鼠的研究才刚起步，所以目前我们还不知道它长寿的原因。

裸鼹鼠体内自由基的水平非常高，这很令人疑惑，因为自由基是一种会损伤组织，引起衰老的化学物质。但裸鼹鼠似乎完全不受其影响。

假如能找到如同水螅一样让干细胞的数量持续增加的方法，或者能像裸鼹鼠那样对抗自由基，我们大概也能活到115岁，这是科学家们粗略估算的人类的最高寿命。老年医学学家奥布里·德·格雷（Aubery de

Grey）发现，如果想停止衰老，我们要解决七个关键问题。他认为，一切都是可能的，我们可以一个一个攻克难关，而人类的干细胞，和使得水螅长生不老的干细胞一样，一定会发挥关键作用。

另外一位乐天派、未来学家与发明家家雷·库兹韦尔（Ray Kurzweil）认为，要不了几十年，人类就会发明出“纳米机器人”，这种微观机器人能在人类的体内四处巡逻，及时修复因衰老造成的损伤。一旦纳米机器人问世，没有什么可以阻挡人类活

你们或许认为奥布里·德·格雷和雷·库兹韦尔在做白日梦，要知道，谷歌创办了一家名为“Calico”的公司（加利福尼亚生命公司，California Life Company），该公司致力于延长人类的寿命，公司所聘请的科学家中不乏世界顶尖的研究衰老的专家。

到两百岁。

当然，还有个重要的问题悬而未决：我们两百岁时会是什么样子呢？你或许认为我们活到一百岁时就已经老态龙钟了，但科学家们并不这么看。如果生命得到了延长，那么人类的青少年期就不是七年了（13岁到19岁），而是十四年；而人到中年则是从一百岁算起。很不错吧！

历史迷雾

“萨勒姆审巫案”期间的集体癔症究竟是什么引起的?

审判和处死萨勒姆的巫师的故事大家都耳熟能详。从1692年的秋天到1693年的初冬，共有19名所谓的巫师被处以绞刑，还有一名被石头活活砸死，这些巫师有男有女。现在来看，那些用来指控巫师的“证据”非常荒唐可笑。

当时有不少人的行为十分古怪，这些人多为年轻女子和小女孩，据说是“巫师”的邪术所致，这也是未解之谜中的一个。多数解释都认为，这是某种形式的集体性癔症，但科学家试图找到

背后的原因——疾病或投毒的证据。每种理论都颇为有趣，有一定的说服力，但也都有破绽。

在 17 世纪 90 年代早期，萨勒姆出现了一种奇怪的流行病，人们的行为变得很不正常。根据当时的历史记载，男孩女孩们叫苦不迭，说是看到了骇人的景象，还说有人拿针戳他们。有的孩子经历了短暂性的失明，眼珠子翻来翻去，发出狗吠声。他们痛苦地尖叫，莫名其妙地四处奔逃跳跃，最后像死鱼一般躺在地上，胳膊和腿的姿势非常别扭。民间的治疗方法就是剪掉孩子们的一绺头发，放入锅中煎炸，然后扔到地板上。但这个办法显然并不管用。在当时宗教气氛极为浓厚的社会中，医生也从未目睹过如此可怕的痉挛，他们惊慌失措，匆忙下定结论，认为罪魁祸首是撒旦和他的巫师仆从。

人们控诉巫师，并将他们推上了审判台。今天，社会与文化对此的解释和关注重点更多放在了被审判者身上。他们都是成年人，要么在萨勒姆案前就已经被当地人所排斥，要么与当地人有过冲突；也就是说，审判的目的其实是翻旧账，平宿怨。而且在 17 世纪，基督徒的信仰是，与男人相比，女人更容易受到魔鬼撒旦的蛊惑。而科学的解释则更多地聚焦于“受害者”的症状。

科学八卦！

尽管遭到指控的人多数是女性，但其中也不乏男性。20 名因巫术被处死的人中，有 15 名女性，5 名男性。男性中有名 42 岁的牧师，人们怀疑他是幕后的主谋。撒旦的力量似乎没受有到物种的限制：一同被处死的还有两条狗。

1986 年，美国伦斯勒理工学院的琳达·卡贝尔（Linnda Caporael）指出，那些像是被人施了巫术的孩子实际上是中了麦角菌的毒，麦角菌是一种能寄生于黑麦的真菌。

气候潮湿时，麦角菌借助孢子在黑麦中大量滋生；受到感染的黑麦又被做成了食物，这些食物，比如面包，也会含有麦角菌。麦角菌的孢子包含各种各样的毒素，其中有一种叫麦角酰胺的物质，类似迷幻药，其致幻功效是迷幻药的十分之一。麦角酰胺所引起的症状不禁让人联想到萨勒姆案中受害者的症状：异常痉挛，兴奋癫狂，以及出现幻觉与妄想。

卡贝尔进一步指出，有充分的理由相信，那年萨勒姆的黑麦确实被污染了，因为之前人们在

萨勒姆及周边地区已经发现了这种真菌；而那年的春天气候温暖潮湿，为麦角菌的传播创造了条件。当时有个叫托马斯·普特南的人，他家的田地就是低洼湿地，有利于麦角菌的生长；在最开始指控巫师的人中，有三个都是普特南家族的。他很可能还送了些自家收割的黑麦给当地的牧师塞缪尔·帕里斯，那时候人们经常

用庄稼来抵偿部分应支付给牧师的费用。帕里斯的两个女儿同样也患上了上文所述的怪病。

卡贝尔的说法旋即就遭到了科学家尼古拉斯·P. 斯潘诺斯（Nicholas P. Spanos）与杰克·哥特利布（Jack Geottlieb）的反驳。他们的理由有很多，其中最有力的证据是，他们仔细查阅了当时有关"'中了巫术'的女孩"的记录，结果发现她们的行为受到了他人的指使。被指控的巫师看她们一眼，她们就会随之倒地；巫师咬嘴唇的话，她们则会尖声大叫，说有人咬自己。她们的行为以及表现出的痛苦，与当时人们所相信的巫术的效果相一致。两位科学家因此推断，她们是在有意识地扮演某个角色，而不是中毒。

针对上述观点，美国马里兰大学的历史学家玛丽·麦特桑(Mary Matossian)提出了反驳，她言之凿凿地指出，当时很多家养动物的行为也不正常，如果是人为的，应该不会影响到动物。而且，动物也会吃受到污染的黑麦。

有关麦角菌中毒的讨论现在已经陷入了停滞，而对于萨勒姆发生的种种事件，科学家们仍然众说纷纭。有位名叫劳瑞·薇恩·卡森（Laurie Winn Carlson）的独立学者写了本书——《萨勒姆的狂热：全新解读新英格兰地区的审巫案》。她在书中指出，怪异行为的根源是昏睡性脑炎（流行性甲型脑炎）。从 1918 年到 1920 年，第一次世界大战接近尾声时，昏睡性脑炎在欧洲爆发，约有 50 万人因此丧命。可是有什么证据能证明两百年前萨勒姆的居民患的也是昏睡性脑炎呢？"中了巫术"的人的症状在 1918 年得以重现：四肢疼痛，眼部肌肉麻痹，惊惧，出现幻觉，咬舌头，浑身肌肉僵硬，动作怪异。就连对外界因素的反应也一样：1918 年的病人听到别人喊自己的名字，就会变得狂躁，而且年轻患者居多，女孩比男孩多——跟萨勒姆的情况如出一辙。不过 1918 年死亡的人数非常多；而萨勒姆案中，死去的人仅有那些被处死的巫师。

想要找到昏睡性脑炎的根源并非易事。多数脑炎是由病毒引起的，但只有少量证据能证实，1918 年的脑炎爆发也是病毒所致。就算当时在萨勒姆，是同样的病毒在作祟，那为什么这一病毒选中了萨勒姆，而不是人口密度更大的波士顿呢？

科学家在 2007 年发现了一种新型脑炎，有人认为当时萨勒姆爆发的就是这种脑炎。新型脑炎患者体内会发生自体免疫攻击（免疫系统会把人体自身组织错当作攻击目标），其目标就是大脑的神经元。新型脑炎的症状与萨勒姆受害者的症状惊人地相似，但同样有矛盾之处，比如

50% 的新型脑炎与肿瘤有关；然而并没有证据证明萨勒姆案的受害者也患有肿瘤。

“萨勒姆审巫案”的研究进展大致如此。这些理论解释了三百多年前萨勒姆儿童奇怪的行为表现，并且相当令人信服。但反面的证据又使得这些理论不够充分，或者说有点站不住脚。“历史的谜案”仍然悬而未决。

第二章

神秘的动物王国

1. 信鸽是怎么找到回家的路的？

现在无论我们想去什么地方，语音导航都能给我们非常精确的指引。挺神奇的。

嗯，其实也没那么神奇。

信鸽才是真的厉害。信鸽是古老的原鸽中很普通的一种，它们的大脑只有我们食指指尖那么大，却能在数百公里以外的地方找到回家的路。信鸽还有个了不起的本领——将信鸽放飞之后，信鸽只需在原地快速盘旋一两圈，就能沿直线飞回鸽舍。

鸽子的大脑虽然小，却能利用多种信号导航。首先是太阳，这一过程最为复杂。从清晨到傍晚，太阳的位置会随着时间的推移而改变：早晨在东面，中午在南面，傍晚在西面。想要借助太

阳导航，首先鸽子得知道大概的时间。

鸽子知道时间吗？是的，它们知道！研究人员通过实验证实了这一点，他们把鸽子放到能模拟白昼和黑夜光线的房间里——但屋内时间与实际时间有几个小时的偏差。这些鸽子从房间里被放飞后，立刻向着鸽舍飞去，却飞错了方向——房间内的光线让它们对“白昼”的判断有了偏差，它们根据错误的时间做出了错误的方向判断。鸽子似乎也有生物钟，所以可以利用太阳导航。

鸽子的另外一样导航工具很可能是地球的磁场。指南针就是利用地球的磁场来判断方向的，指针在地球天然磁场的作用下指向地磁北极，也就是地球磁力线交汇之处。

科学家认为鸽子或许有内在的指南针，因为他们发现，如果在靠近地磁异常[①]的地方放飞鸽

子的话，鸽子就会判断失误。在鸽子头上安装极其微小的磁石也会产生同样的效果。最近的研究表明，鸽子不仅对磁力线的方向非常敏感，对其角度也同样敏感。（地球磁力线在赤道附近是水平的，并指向两级。）

鸽子是如何感知到磁场的呢？它们的喙的确含有少量的磁性物质，但究竟是不是这些磁性物质在发挥作用并无定论。有实验显示，鸽子视网膜的反应机制非常复杂，所以它们能“看见”

① 地磁异常：指地球的磁力线受到岩石中金属或化学成分的影响而发生了偏斜。

地球的磁力线。不管鸽子是如何找到回家的路的，利用磁力一定是它们的超能力之一。

气味也帮了鸽子不少忙！德国和意大利的研究人员分别做过相同的实验，以研究信鸽的定位能力。这一实验非常有趣。实验人员将两组鸽子分别运到了国内两处不同的地方，在两辆运输车上安装了活性炭过滤器，这样鸽子一路上都闻不到外面的气味。两组鸽子各自到达目的地后，实验人员让鸽子呼吸了三个小时当地的新鲜空气。接着实验人员又将一组鸽子送回运输车，与外界的空气隔离，运送了50公里后，与另一组鸽子会合。现在两组鸽子在同一个地方，不过其中只有一组呼吸到了当地的空气。实验人员将鸽子放飞后发现，这两组

科学揭秘！

地磁北极与地理北极是两码事，两者现在大约相距500公里，并且磁场北极还在以每年50公里的速度向北移动。按照这一速度，磁场北极迟早有一天会离开加拿大，迁移到西伯利亚。

能借助气味判断方向的鸟类不止信鸽一种。有些海鸟，比如信天翁，为了觅食常常要在开阔的海面上飞翔数千公里，辽阔的海面看起来一个样儿，很容易迷失方向。可信天翁却能凭借着出色的嗅球，也就是大脑负责辨别气味的部分，发现鱼群。信天翁在 20 公里以外就能嗅到猎物的气味，它们一半的食物都是通过这种方式找到的！

鸽子朝不同的方向飞去，很可能是因为被运送次数更多的的那一组鸽子判断方位出了差错，认为自己还待在那个中途呼吸过新鲜空气的地方。

信鸽靠气味定位的能力太不可思议了，它们依靠的很可能不是单一的某种气味，而是两种或三种气味的结合，不同方向所对应的气味并不一样。如果这种气味浓一点，而那种气味淡一点，鸽子就会把混合起来的气味与鸽舍的气味进行对比，然后循着熟悉的气味回家。

这还不算厉害？好吧，信鸽还会用次声波导航。

20世纪60年代，美国康奈尔大学的研究人员遇到了一件令他们颇为费解的事情。通常情况下，他们的信鸽可以毫不费力地找到回家的路，可如果把信鸽从三个特定的地点放飞，它们就会迷路：从纽约的韦伯斯特和卡斯特山放飞的话，鸽子总会飞错方向；而从泽西山放飞的话，鸽子则会漫无目的地飞行。但有一天，意想不到的事情发生了——1963年8月13日，从泽西山放飞的鸽子径直飞回了鸽舍。几十年过去了，仍然没人知道为何会如此。

后来有位名叫乔恩·海格斯特鲁姆（Jon Hagstrum）的地质学家认为，或许是次声波从中起了作用。次声波的波长很长，频率很低，远在人类所能听到的声音范围之外。许多动物，比如鲸鱼、大象甚至老虎，都能发出次声波，用次声波进行交流。鸽子虽然发不出次声波，但海格斯特鲁姆认为，鸽子或许能利用海浪拍打海滩所发出的次声波，这种次声波在地球上能传播到数千公里之外，并且可以穿透大气层。

海格斯特鲁姆想办法找到了

韦伯斯特的次声波危机

1969年8月13日精确的气象数据，他惊讶地发现，那天的风向和风速配合得真是天衣无缝，以至于本来通常会往天空传播的次声波信号，居然直接传播到了泽西山。所以在那天，鸽子才能找到回家的路。但传播到韦伯斯特和卡斯特山的次声波，受当地地形和主导风向的影响，几乎总是会改变方向，这次也不例外。次声波传播的方向“不对”，鸽子们自然也会被误导。

最后，鸽子很可能也离不开两只眼睛的帮助。在其他几种工具的助力下，鸽子一旦回到了鸽舍附近，就会利用视觉线索，最终安全到家。

2. 为什么蛾子要扑向灯火？

“飞蛾扑火”这个成语经常被用来形容我们明知某些东西对自己不利，却身不由己地被它所吸引。这个说法很有些年头了，至少从莎翁时代就有了，它来源于人们对自然现象的观察。

19 世纪的昆虫学家让 – 亨利 · 法布尔曾经生动形象地描述过这一自然现象。有天早晨，法布尔把一只巨大的雌性大孔雀蝶放到了笼子中，到了晚上他惊喜地发现，至少有 40 只雄性大孔雀蝶从敞开的窗户飞了进来，绕着笼子打转。现在我们都知道这是因为那只雌性大孔雀蝶释放出了信息素，一种能借助空气传播

的化学引诱剂。雄性一旦捕捉到信息素，就会立刻围拢过来。

但这其中还有些令人费解的谜团。当法布尔拿着蜡烛走到房间里，想进一步观察的时候，雄性大孔雀蝶就飞向了火焰，有时候“它们冒冒失失地扑向前去，扑灭了火苗”。雄性受到雌性的吸引，这是理所当然；但雄性为何要扑向火焰就有点让人匪夷所思了，更何况雌性就在跟前呢。

夏夜中的蛾子会朝着走廊的灯光或路灯飞去，这是现代版的“飞蛾扑火”。许多蛾子会不知疲倦地围着灯光飞舞，不过要是附近有方便停靠的平面，许多蛾子也会安心落下来。可它们为什么要这么做呢？多数蛾子昼伏夜出（很可能是为了避开捕食者），既然蛾子知道躲避日光，按理说也应该知道躲避灯光。实际上，灯光对它们的吸引可能是致命的，因为蝙蝠很快就会发现，夜晚户外的灯光周围是猎食的好去处。

最常见的解释是蛾子错把灯光当成了月光，在没有月亮的夜晚，蛾子只好退而求其次，飞向路边的灯光。蛾子在进行长距离的飞行时离不开光，光能保证它们不偏离方向。在晴朗的夜晚，月亮就是最好的指路人，尽管蛾子应该也需要借助自己的生物钟来认路。在北半球，随着夜色渐沉，天空中的月亮也从东面慢慢移到了西面。如果在夜晚飞行时月亮一直在身体的左面，那么说明飞行的方向先是朝南，接着往西，最后往北（也就是说飞蛾与月亮保持固定的角度就能确定自己的方向）。蛾子的生物钟能够根据时间及时调整方向，沿直线飞行。

这一理论得到了扩展，人们也会用其来解释蛾子围绕着灯光飞行时的一些细节。蛾子靠近灯光时，转的圈会越来越小（以保持与光源之间固定的角度），如此螺旋式盘旋，直到扑向灯火。但你只需要观察夏夜户外的灯光几分钟，就会发现情况并非如此简单。有些蛾子确实会撞到灯上；但有的则远远地围着灯转圈；还有的在附近停下来，一动不动。

我们想知道，蛾子们到底葫芦里卖的什么药呢？问题是，在

黑暗中跟踪一只飞蛾，哪怕只跟踪几米远，也不是件容易的事。如果用手电筒的话，手电筒发出的光很可能会把蛾子引过来。但聪明的科学家们总有办法。

罗宾·贝克博士（Robin Baker）就有个好主意。20 世纪 70 年代，贝克博士在英国的曼彻斯特大学工作，他把极细的棉线粘到蛾子的背部，然后将棉线的一头拴在一个机械活动手臂上，手臂又与记录数据的设备相连接。这样无论蛾子飞往哪个方向，它的飞行记录都能被保存下来。（这就像把跑步机放在转台上，然后人在跑步机上跑步：你想朝着哪个方向都可以。）

在这一实验中，贝克发现，蛾子似乎的确会靠月亮导航。但奇怪的是，它们并没有根据月亮在夜空中的移动来调整飞行方向。如果蛾子是自由飞行的状态，它们会一直改变方向。另一方面，当月亮被遮蔽时，蛾子会突然改变飞行模式，开始漫无目的地乱飞。这一点说明了月亮的作用。另外贝克还发现，人工灯光对于背上粘有棉线的蛾子来说更有吸引力，但这个人工灯光大约得有三层楼那么高，刚到膝盖那么高可不行；而且，它还得跟蛾子眼中的月亮差不多大小。这再次说明蛾子可能确实把灯当成了月亮。

贝克指出，他的研究结果只适用于长距离飞行的蛾子，比如正在迁徙的蛾子，并不适用于所有蛾子。

你要是觉得蛾子背上粘着棉线飞行有点异想天开，那么把蛾子粘到船上这个主意如何？这种实验确实也有人做过。美国北卡罗来纳州的萧博士（H. S. Hsiao）设计了一个实验：他把蛾子粘在泡沫塑料船上，然后将船放到一个迷你水池中，水池的一端有盏灯。灯亮时，蛾子会围拢过来，但并不是以螺旋式转圈的方式；它们挥动翅膀，往前拖动小船。有些径直向灯冲去，但多数瞄准的目标是其他的位置——结果让人很迷惑不解。没有一只蛾子是以螺旋式转圈的方式往前飞的，有的甚至最后还会

朝远离灯光的方向飞去。这让萧博士怀疑蛾子最终——很反常地——是想避开灯光。

还有个复杂的问题，那就是有些蛾子完全不为路灯所动。对于这些蛾子而言，这绝对是显著的优势。被户外灯光吸引的蛾子进食的时间肯定会减少，继而影响到它们的健康，尤其是繁殖能力。随着城市人造灯光的增加，蛾子的数量会减少，但它们那些避光的远亲的数量则会增加。

综合上述实验的研究结果，我们知道，发光的物体，尤其是与月亮的高度与大小接近的物体，能吸引蛾子。不过你还记得法布尔手中吸引了大孔雀蝶的烛火吗？那根蜡烛放在桌上，它既没有悬挂在天空中，也并非圆形。看来飞蛾扑火的原因将会是个不解之谜。

3. 什么是活化石？

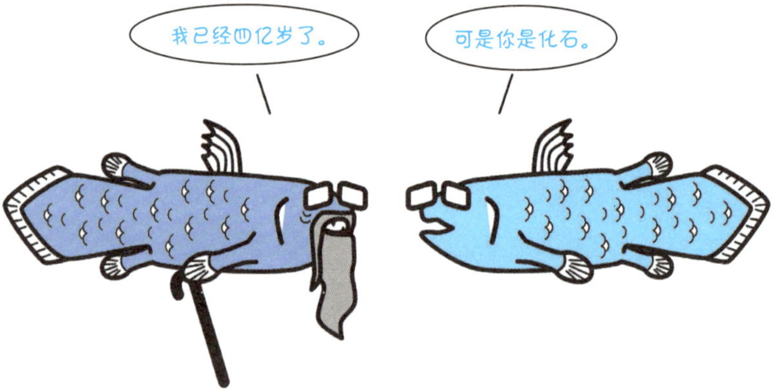

“活化石”这个词听起来有些自相矛盾。不是吗？化石是指数百万年前动植物的遗体陷在河床泥沙或天然焦油坑中，经过漫长的岁月所形成的石头。这些动植物已经灭绝了。不是吗？其实呢，事实并非如此。

很多灭绝的物种与现在仍然存活的物种是相联系的。举个例子，现代马与至少 12 种已经灭绝的物种有关联。在过去的 5000 万年中，这些早期物种出现过，最终又消失在历史的长河中。然而，有些动植物并没有经历类似的进化过程。事实上，达尔文是用“活化石”这个词来形容那些千百万年来变化很小的动植物。

比如腔棘鱼。

腔棘鱼体形巨大，长可达 2 米，重可达 90 千克，看起来好像长了四条腿，鳍如同船桨一般。腔棘鱼的化石非常多，最古老的化石已经有 4000 万年的历史，这说明它与那些最先爬上岸的海洋鱼类生活在同一个年代。

据科学家推测，腔棘鱼大约在 6600 万年前已经灭绝，也就是恐龙灭绝的时代。这一推测直到 1938 年才被推翻。那年南非有位渔民捕到了一只腔棘鱼，这只鱼看起来跟它已经变成化石的祖先长得一模一样。

现在我们知道了，腔棘鱼也生活在印度洋海岸以及印度尼西亚，不过都是在深海：大约在水下 700 米深的地方。或许今天存活的腔棘鱼的数量只有几百条，但至少它们没有灭绝，所以才能赢得“活化石”的称号。

多数生物只有进化才能生存，那么像腔棘鱼这样的动物为何能维持原样不变呢？有些人认为，这得归功于它们的栖息地——靠近海岸线的深水——相对来说更安全，远离捕食者。并且，它们气味难闻，口感极差，可能压根儿就无人问津，所以它们才能存活下来。

但许多进化科学家表示，腔棘鱼是“活化石”这种说法纯属无稽之谈。他们宣称腔棘鱼一直

科学八卦！

科学家发明了“缺环”这一术语，这是一种科学假设，指的是介于古老物种和现代物种之间的已经灭绝的物种，通常指在人类进化过程中起到作用的已经灭绝的物种。如果发现了某个早期物种的化石，并且这一物种既有猿的特征（比如会攀爬），又和人有相似之处（比如颅骨形状更接近人类，而不是猿类），那么这一物种就是缺环。不过现在我们可以确定，人类进化并非如此，人并不是猿类的直系后裔：人类的进化过程牵扯到许多不同的物种。比如，现在我们知道每个现代人都继承了尼安德特人的部分基因，但不久前科学家还认为尼安德特是与现代人完全不同的物种，两者之间没有任何关联。

在变，并且现在仍然在改变，只不过变化极为缓慢，看起来不明显而已。千百年来，腔棘鱼的形状和大小并不相同。而且，现代科学已经能够检测出腔棘鱼基因图谱的变化，这些变化仅通过观察腔棘鱼的外形是无法发现的。有些动植物跟已经成了化石的亲戚非常相像，所以才有了“活化石”这一说法，但其实这是误用。

银杏树也是“活化石”这一词语被误用的例子。银杏树的谱系可以追溯到两亿年前，甚至更古老的时候，那时地球上90%的昆虫是蟑螂，巨大的蜻蜓在天空中飞翔，爬行动物（恐龙还没有出现）统治着地球。虽然只有一种银杏树活到了今天，但过去存在的种类其实有很多。尽管很多种银杏树都灭绝了，但我们可以确定的是，今天仍然存活的银杏树有着超过一亿年的历史，并且它们的外观也并未改变。但陷阱就在这：银杏叶的外形与千百万年前的银杏树看起来并无差异，但基因图谱显示，随着时间的推移，它的基因也一直在变。

知乎?

要是你对银杏树在恶劣环境下的生存能力有所怀疑的话，那么我告诉你：日本的广岛有六棵银杏树，它们扎根的地方离 1945 年原子弹爆炸的位置不到两千米。原子弹爆炸点附近的动植物没有幸存下来的，但这六棵银杏树却岿然不动，仍然在茁壮成长。

很可能正是由于基因的差异，银杏树才能幸存下来：银杏树的基因能够帮助它抵御昆虫，甚至能吸引猎食者消灭对自己有害的昆虫。除此之外，现代银杏树还能抵御疾病，能存活一千年以上，只占用极狭窄的空间环境——这些都是“活化石”的共性。

还有许多其他物种被冠以“活化石”的称号，比如新西兰特有的爬行动物斑点楔齿蜥，以及澳大利亚的鸭嘴兽。虽然这些动物跟它们的祖先看起来非常相似，但是基因图谱显示它们并没有停止进化。（实际上，被科学家分析过基因组的所有动物中，斑点楔齿蜥的基因是变化得最快的。）在这些动物不断变化的基因与它们所生存环境的共同作用下，在漫长的进化过程中，它们的外观几乎保持不变——看起来就像“活化石”一样。

4. 松鼠是如何找到自己埋藏的坚果的？

松鼠喜欢把坚果埋到地底下藏起来。松鼠在每年秋天会贮藏多少坚果，精确的数字我们无从得知，不过野生动物学家认为，几百个或几千个都很有可能。有些种类的松鼠，比如红松鼠，会把采集到的所有坚果都贮藏在一个地方。而灰松鼠则更喜欢挑战自我，它们会把果实“分散贮存”，每次只埋一个果子，而且地点也不相同。那么松鼠怎样在需要时找到埋藏的果实呢？

要是一百年前问这个问题，科学家们多半会说这是因为松鼠的鼻子非常灵敏。松鼠的嗅觉的确比人类的要灵敏，这话没错，哪怕橡子埋在地下几厘米深的地方，地上又落了几厘米的雪，松鼠仍然能把它找出来。但嗅觉并非关键原因。以前的科学家就是不相信，松鼠的小脑袋能记住坚果埋藏的位置。

但那都是过去式了。近年来的研究表明，松鼠能够记住大多数坚果的埋藏地点。

最早的研究是在户外的圆形

封闭场地进行的，这块场地的面积将近 45 平方米。研究人员先给松鼠喂榛子，等它们都吃饱之后，继续喂食。然后研究人员把一只松鼠从笼子里放出来，让它在场地内自由活动，这只松鼠总共埋藏了十个榛子。待松鼠回到笼中，研究人员偷偷溜回场地，把那十个榛子拿走，然后把洞填好。接着第二只吃饱喝足的松鼠带着多余的榛子来到场地，研究人员又重复了一遍上述操作。待所有松鼠都埋好了榛子，研究人员把所有的榛子都挖了出来，并全部用土盖好。然后，研究人员又把新鲜榛子放入第一只松鼠挖的洞里，埋好——又在其他松鼠挖的洞中额外放了十个榛子。现在第一只松鼠要回到场地，找自己埋藏的十个榛子了。

如果说记忆是最重要的影响因素的话，这只松鼠应该在自己挖的洞中找到榛子；如果嗅觉更重要，那么松鼠应该闻到榛子的味道就把它挖出来，不一定非得是自己埋下的榛子。实验结果表明，记忆才是关键：每只松鼠从自己的洞中找到的榛子比从其他松鼠的洞中找到的要多得多。研究人员在松鼠埋下榛子两天后，四天后，甚至十二天后，再把它们放回去，结果发现松鼠的记忆完全没有减退。

当然，这一实验的研究时长比较短，是在有限的空间内进行的，并且研究对象是人类驯养的松鼠，所以并不能反映出大自然中松鼠的全貌。野生松鼠在贮藏坚果时需要多重决策，在寒冷、食物匮乏的冬季，这些决策常常能决定松鼠的生死。

一只松鼠在贮藏一颗坚果之前，它得首先判断这颗果实有没有埋藏的价值。松鼠用两个简单的动作就能判断出来：用爪子抓

知乎？

在北美东部，白橡树和红橡树的果实都是松鼠喜爱的食物，而且它们能通过形状和化学组成区分这两种果实。红橡树的橡果在冬天不会发芽，但白橡树的果实会发芽，因而埋到地底下很可能会腐烂。所以聪明的松鼠一般会把白橡树的橡果先吃掉，而把红橡树的果实留下来贮存过冬。

住坚果或者把坚果放进嘴中，晃晃小脑袋。通过这些动作，它能够判断出这颗坚果的重量，果壳是否完整，里面有没有蛀虫（如果橡子里有蛀虫的话，松鼠一般会立即吃掉）。一颗坚果能在地底下保存多久也是判断埋藏价值的指标。

待松鼠对这颗果实鉴定完毕，满意之后，就准备把它埋到地底下了。但还有件事情要考虑：如果把坚果埋在附近的地方，那么其他松鼠找到它的概率也会增加，无论是碰巧还是有意为之。

在能结出坚果的小树林附近，松鼠的领地总会重叠。因为

松鼠一般会时刻观察周遭的动静，所以埋藏松果时很可能被其他松鼠发现。于是远离松鼠密集的区域的优势就凸显出来了；如果这颗坚果非常饱满的话，就更得找个僻静的地方埋好。但这么做也不是没有风险，为了找到这颗坚果松鼠得在寒冬的皑皑白雪中长途跋涉，很容易被捕食者发现。

这就是为什么有些松鼠是骗术高手的原因。有人见过松鼠在埋坚果时故意背对自己的同类，有的还会假模假样地把空洞用土填满，以迷惑其他松鼠。

最后不得不说，坚果的种类太多了！这对松鼠的记忆而言是个巨大的挑战，但这种神奇的啮齿类动物似乎总有自己的办法。这种办法叫分组——就是把相似的东西分到一组。美国加利福尼亚大学伯克利分校的研究人员用校园里的黑松鼠做了个实验，结果发现，如果给松鼠杏仁、榛子、核桃和山核桃，它们总喜欢把这些坚果分类贮藏。这种方法很可能有利于松鼠记忆，比如，所有的杏仁都藏在岩石露出地面的地方，而核桃则藏在靠近篱笆处。你或许会问，何必这么麻烦？坚果的营养价值并不一样，在漫长寒冷的冬季，能不能记住超级有营养的榛子藏在哪儿，对于松鼠来说非常重要。

“松鼠是如何找到自己埋藏的坚果的？”答案是：“这个问题很复杂。”

坚果脱壳机

5. 什么是猫屎咖啡？

猫屎咖啡是一种味道香浓的咖啡，但其背后有着一个典型的人类伤害动物的故事，听了以后你的情绪会很低落。

故事的主角是一种动物——麝香猫，有时人称九节狸，也叫灵狸，生活在亚洲部分地区。麝香猫并不是猫，外表有点像水貂，但是皮毛是灰色和黑色，体重最多可达 5 千克，脸上像戴了面具，外貌会让人联想到浣熊。

尽管这种特别的狸是食肉动物中的一种，但它多数时候是食草的。它们昼伏夜出，栖息在丛林中。咖啡豆是它们最喜爱的食物之一——确切地说是咖啡果，包裹咖啡豆外面的多肉的果实。据说它们只吃咖啡树上最成熟的果子，会一口吞下果子，最后咖啡豆随大便排出体外。

接着人类在故事中出现了。常见的说法是在 18 至 19 世纪，荷兰人来到印度尼西亚建了很多咖啡种植园，但他们不让当地人喝咖啡。于是当地人只好收集麝香猫的粪便，冲洗后取出咖啡豆，发酵后，在太阳底下晒干，然后烘烤，这样就能喝到咖啡了。也有人说他们把收集到的咖啡豆卖给了荷兰人。

假如这些咖啡豆与未经过麝香猫消化道的咖啡豆的品质一样的话，那么这顶多算是个讴歌当地人的故事，他们乐观向上，又能充分利用有限资源。到这儿故事也就该结束了。

但这些咖啡豆的味道不是一般的好，简直是太好了。它们来自大自然，带着丝丝甘甜，甚至可能是世界上最好的咖啡！很多人都这么说。于是猫屎咖啡成了世界上最炙手可热的咖啡。猫屎咖啡的成本很难确定，价格从每杯 80 美元到每千克 3000 美元不等。现在的价格稳定在每千克 500 美元到 600 美元。

猫屎咖啡的拥趸很多。我们需要借助科学，才能搞清楚它为何与众不同，为何香味醇厚。在麝香猫的消化道中，咖啡豆究竟发生了怎样的变化？最可能的猜测是麝香猫的消化酶会作用于咖啡豆表层的蛋白质，将蛋白质分解掉。据推测这可以减少咖啡的苦味。根据加拿大安大略省奎尔夫大学的马西莫·马克龙博士（Massimo Marcone）的说法，用扫描式电子显微镜能观察到咖啡豆表层有大量的空洞。他还说猫屎咖啡豆比从树上直接采摘下来的咖啡豆更硬，也更容易碎——颜色也要淡一些。

当地人在树林中四处寻找麝香猫的粪便，指望能赚到大钱，因为这些粪便中的咖啡豆最后能变成一杯香醇无比的咖啡。但不幸的是，猫屎咖啡的故事并没有就此结束。“挣大钱？”是大发横财好吧。很快就有生意人开始人工养殖麝香猫——把它们关在笼子里。可怜的麝香猫不仅无处攀爬，还被迫吞下几吨的咖啡果，浑身脏兮兮的。“商业版”的猫屎咖啡一经面世就为生产商带来了巨额的利润。争议也随之而来。

2013 年，英国广播公司（BBC）派遣出伪装成买家的记者来到苏门答腊，那里的场景令记者们作呕。这些记者将这次暗访公诸于世。《动物福利》杂志将记者所披露的事实写成了调查报告，让世人看到了被囚禁的麝香猫的悲惨处境。几乎就在同时，日本与印尼的研究团队发表论文称，他们有办法将真的猫屎咖啡与假的猫屎咖啡、真假对半混合起来的猫屎咖啡以及其他咖啡区分开，并证实利润丰厚的猫屎咖啡市场鱼龙混杂，有假的猫屎咖啡，也有半真半假的。

知乎？

人类从麝香猫的粪便中得到了珍稀的咖啡豆，但人类并不满足。现在还有大象屎咖啡，它比猫屎咖啡的价格还要昂贵，也更难获得：从 15 千克的大象粪便中只能得到 0.45 千克所谓的黑象牙咖啡豆。

所以现在的问题是：如果人类的目标不是钱，而是保护动物和自然，想喝猫屎咖啡的你，如何能确定它来自于野生，而非人工养殖的麝香猫呢？

有些咖啡生产商在广告中声称他们的产品是用传统方法收集的，来自小规模的有机农场；或者声称销售猫屎咖啡所得的收益将会被用来帮助苏门答腊偏远地区的教育和职业培训。也有些大规模的咖啡种植公司拒绝对猫屎咖啡进行认证，因为咖啡豆一旦包装好，很难确定其产地源头。

前文所提到的能分辨真假猫屎咖啡的研究团队，目前还未发明区分野生采集的猫屎咖啡与人工养殖采集的猫屎咖啡的技术；这项技术或许能大大减轻猫屎咖啡消费人群心理上的不安。不过既然这项技术还未诞生，那我们干脆别喝猫屎咖啡了。

6. 哪种动物咬东西最有力？

这个问题有点像在问：谁是最厉害的运动员？可是曲棍球运动员与高尔夫球运动员怎么比较？那我们换个问题：同等条件下，轻量级拳击手可以与重量级拳击手相提并论吗？那些已经离世的运动员，他们那个年代的比赛规则与装备跟今天的大不一样，他们也可以被考虑在内吗？

你或许会感到惊讶，但比较动物咬东西的力量是有统一标准的，无论是鸟类、哺乳动物、爬行动物，还是鱼类。这一标准就是“咬合力”：动物使出最大力气咬东西时，牙齿所施加的压力。仍然存活的物种可以直接测量咬合力；而有些物种的咬合力则需要科学家借助化石中下颚和牙齿的帮助才能估算出来，有时也可根据动物的体形来推算。

力的测量单位是“牛顿”。人类的门牙所能施加的力大约是 500 牛顿，而位于后方的磨牙的力量是门牙的两倍。体形大小跟咬合力有很大关系，大猩猩的咬合力可达 1700 牛顿；黑猩猩

试一试！

想感受一下一牛顿力的大小吗？将一个普通大小的苹果放在摊开的手掌心。掌心感受到的压力大约就是一牛顿！这不是“物理学家牛顿的苹果”，而是“苹果产生一牛顿的压力”。

的体形不比人类大多少，但是强壮许多，它们的咬合力最多可达1500 牛顿。但这些数字跟咬合力冠军相比，都不值一提。

短吻鳄和鳄鱼是世界上所有物种中咬合力的佼佼者。美洲短吻鳄的咬合力达 6000 牛顿；有一只咸水鳄更是打破了现存所有物种的纪录，其咬合力高达 16414 牛顿！（这种大型爬行动物使得前世界纪录保持者非洲鬣狗屈居亚军。鬣狗的咬合力要小得多，只有 4500 牛顿，但它仍然可以咬碎骨头。）只是看着就让人心惊胆战的咸水鳄体重达 1700 公斤，这说明了体形的重要性。还有十种鳄鱼的咬合力都超过了大猩猩。收集数据（把鳄鱼的身体绑在木板上，然后在鳄鱼嘴中放入压力表，至少部分数据是这么得来的）的研究人员惊讶地发现，体形不仅重要而且

孤独的牛顿

是唯一的显著变量。这些动物口鼻的形状以及日常饮食有很大差异，但并不会对咬合力造成多大影响。体重才是决定性因素。

既然体形是咬合力大小的决定性因素，而据记载还有体形更大的咸水鳄，所以 16144 牛顿并不是咬合力的最大值。举个例子，几年前人类发现过一只长达 6.7 米的鳄鱼，科学家推算它的咬合力可达 27000 牛顿。有些已经灭绝的鳄鱼体形更大。

我们还是言归正传，来看看 27000 牛顿吧。这很可能是当今地球上咬合力的最大值。测量咬合力的迷人之处就在于，我们不需要把实实在在的、活着的动物放到实验室里，也能知道结果。科学家可对动物化石进行计算机模拟，从而估算出咬合力。这为我们了解恐龙的咬合力提供了便利；当然，其中也包括霸王龙。

大块头们要闪亮登场了。据估算，芝加哥菲尔德博物馆的一只名叫苏的霸王龙重达 8000 公斤。由于计算机模拟重建方式的差异，所估算出的苏的咬合力也不尽相同，最新的一次估算认为苏的咬合力可达 34500 牛顿。美国佛罗里达州立大学的乔治·埃里克森（George Erikson）是研究咬合力的专家，他说苏的咬合力相当于三辆汽车叠放在它嘴巴上所产生的压力。

为了测量出人类最好的朋友——狗的咬合力，科学家们做过许多尝试，但研究人员无可奈何地承认，测量狗的咬合力太难了，因为狗用不用力完全取决于它们当时的心情！科学家们将实际测量所收集的数据，基于肌肉和颅骨所进行的估算以及计算机模拟的结果结合起来看，认为狗的咬合力大约在1000到2000牛顿——猫大约只有100牛顿。不过这里我想为猫辩解一句，实验记录表明，科学家在测量猫的咬合力时发现，它们的磨牙，也就是最强壮的牙齿，一点力都没有使——我们可以想象这些实验中的猫有多不乐意了。

那么霸王龙到哪儿都是咬合力的冠军么？在陆地上或许如此，但到了水里就不一样了。大白鲨的咬合力也相当惊人，能达到18000牛顿，但与霸王龙相比，它仍然望尘莫及。不过大白鲨的非直系祖先，有着两百万年历史的巨齿鲨向以强壮的咬肌而著称，它的咬合力最高可达180000牛顿，是大白鲨的十倍，霸王龙的五倍，它才是实至名归的冠军。不是吗？

让轻量级拳击运动员与重量级拳击运动员比赛是不公平的，这点我们也别忘了。假如我们拿咬合力除以体重，比较每公斤体重所对应的咬合力，结果又会如何呢？按照这种算法，咬肌最强壮的实际上是一种小巧玲珑的鸟类——加拉帕戈斯群岛的地雀。最近有项研究表明，这种地雀虽然体重只有33克，咬合力却有70牛顿。如果它的体形有霸王龙那么大的话，它的咬合力将是霸王龙的321倍。让我们为如此强大的鸟儿欢呼呐喊吧！

7. 金鱼的记忆真的只有三秒钟吗？

答案是否定的。不过让人想不通的是，居然有很多人相信这种说法。

金鱼是亚洲鲤鱼的一种，在中国，人们从晋朝开始就把金鱼养在鱼缸或鱼盆中以便观赏，那是一千多年以前了，或许时间还要更早。到了唐代，金鲫鱼受到了大众的喜爱，其中有橙色、红色、棕色、黑色、黄色和银色。尽管现在存活的金鱼多数是人工养殖的，但在大自然中仍然有它们的亲戚在自由自在地生活。

这也是说明金鱼的记忆不止三秒钟的第一条线索。假如一条鱼的记忆只有三秒钟，它能活多久？答案是：非常短暂。它找到食物，吃了一些，然后游走了。三秒钟之后，它不仅不记得食物在哪，食物是什么，甚至连自己刚刚吃了东西这件事都忘记了！养殖在露天池塘里的金鱼，不得不面对各种各样的猎食者，首当其冲的就是苍鹭。一条记忆只有三秒钟的金鱼或许能侥幸从俯冲而下的苍鹭的嘴边逃脱，但它很快就会自投罗网，因为它什么也

将金鱼养在鱼缸中的做法可以追溯到中国古代。古人其实是把金鱼养在塘中，有客人登门拜访时才会把鱼捞出，放进鱼缸，以供客人观赏。但对于金鱼来说，鱼缸是最糟糕的生存之所。首先，排泄物在鱼缸中积聚，造成危害；其次，水中的氧气含量不足。

不记得！类似的例子说明，如果哪条金鱼的记忆只有三秒钟，它早就应该从基因库中消失了。

但坚持认为金鱼的记忆只有三秒的人或许会说，以前金鱼生活在大自然中的时候，记忆要久一些，所以它们才能生存下来。但千百年来，金鱼一直生活在受保护的环境中，因而记忆有所减退，这也是苍鹭为何能在金鱼养殖基地活得很滋润的原因。一般来讲，圈养不会让动物变得更聪明，而生活在鱼缸中的金鱼并不需要记住什么。不是吗？每个人都可以有自己的观点，所以我们才需要确凿的证据。

我们先来看看澳大利亚数理中学的一名学生，洛伊·斯托克斯（Roy Stokes）的研究。2008年，洛伊每次喂金鱼时，都会把一块红色的乐高积木放进鱼缸里。没过多久，金鱼就习惯了这种做法，每次洛伊先把积木放进水中，要不了几秒钟，它们就会自动围拢过来等待食物。接下来的一周，洛伊只喂食，但是不放乐高积木。第八天，洛伊又重新开始放积木，不到五秒钟，金鱼蜂拥而至。这说明金鱼的记忆至少可达一周。

20世纪90年代，英国普利茅斯大学所进行的研究显示，金鱼很快就能记住喂食的时间，快到饭点时还会推动小竿子以获得食物，它们推动竿子的时间与研究人员用小竿子投喂的时间非常接近。吃饱过后，它们就会忽略那个竿子。喂食的间隔是24小

时，这说明金鱼可以毫不费力地记住这段时间范围内的常规操作。

探索频道的《流言终结者》[①]也训练过金鱼，结果发现金鱼能够记住彩色图案，并且一个多月都不会忘。还有项实验的研究人员训练金鱼选择特定颜色的管子以获得食物。结果表明，一年以后金鱼仍然记得那些颜色。上过钩的鲤鱼（金鱼就是鲤鱼的一种）一年后仍然能记得鱼钩，哪怕后来根本就没见过其他鱼钩。

那么，其他受欢迎的观赏鱼类的记忆力与金鱼会有所不同吗？对此我表示怀疑。位于加拿大艾伯塔省埃德蒙顿的麦科文大学做了项研究，科学家发现，经过人工训练的三湖慈鲷可以到水缸里指定的地点进食。研究人员在训练了三天后就中断了训练。十二天之后，鲷鱼又被放回了水缸，运动跟踪装置明确显示，这些鱼更偏好以前的指定喂食区。

现在你应该知道鱼的记忆

---

① 《流言终结者》：美国科普电视节目，节目组成员利用自身的专业和技巧，针对各种广为流传的谣言和都市传说进行实验。

你可不能这么干 ✗

生吞金鱼曾经是件很时髦的事。1939 年，哈佛大学的一个学生跟人打赌，生吞了一条金鱼。三周后，又有位学生吞了三条金鱼。于是赌注越来越高，每次吞下去的金鱼也更多，甚至多达一百条。虽说鱼类是健康食物，如此行为未免太残忍。

只有三秒钟这种说法并不可信了吧。不过你还有最后一次反驳机会：你或许会问，怎么能断定鱼的确能记住喂食的时间和地点，而不是形成了一种下意识的习惯，只要情境相同，这一机制就会自动开启？换句话说，鱼不过是有血有肉的机器鱼。

这一反驳有点狡辩的意味。话说回来，到底什么是记忆？如果你在开车时遇到了紧急情况，你想都不想就会踩刹车，转方向盘，这是下意识的反应。为什么？因为你已经学会了在遇到突发情况时应该做什么，这种反应就在你的记忆中，只不过这是无意识记忆。你可以辩驳说金鱼不过是机械行事，可我们人类不是也一样吗？

8. 哪种动物的粪便最大？

这一问题鲜有人问，但听起来是一个直接明了的问题。对不对？其实并不然。

粪便最大指的是单块粪便最大，还是指每次排出粪便的总量？比如，鹿每次会排泄出一堆

粪球，究竟是看单粒粪球的大小，还是一堆粪球的总量？抑或是从排便的频率来判断——比如说一只动物 24 小时内排出的粪便总量？是不是既要考察现存的物种，也考察灭绝的物种？看问题的角度有很多，但最后的赢家只有一个。

我们既要看现存的物种，也要看灭绝的物种。我们还是先从现存物种——大象说起吧。大象体形巨大——雄性非洲象的体重一般可达 6000 公斤，而犀牛的体重只有 2000 公斤。如果说排便量与体形成正比的话，那么在所有的陆地动物中，大象就应该是老大哥。事实也是如此。一只大象每天能排出 135 公斤的粪便，虽说数量巨大，却也并不稀

奇，要知道大象能消化的食物还不到它吃进嘴的一半。但这么多屎屁屁并不是一股脑拉出来的，而是一个一个的大粪球。这些粪球直径可达 16 厘米，比垒球还大，比保龄球要小一些。

虽然大象有那么多排泄物，但在它们出没的地方通常并没有粪便。这都是蜣螂（qiāng láng）的功劳。凡是大象排泄过的地方，每当太阳落山时，这些奇妙的昆虫就会从四面八方飞过来，争抢粪便。它们的数量多得吓人：在一项研究中，科学家用半公升的粪便作为诱饵，15 分钟后，就有 3800 只蜣螂出现在粪便周围。这些蜣螂争夺的是粪便中动物未消化完的，仍然有营养价值的部分。有的蜣螂会直接钻到粪便中大快朵颐；有的则会挖

布里斯托大便分类法

知乎？

布里斯托大便分类法按照黏稠度将大便分为七类，大家可以参照使用，每种都配有图解，非常方便。第一种类型的大便是一颗颗硬球，就像坚果一样；而第七种类型则是液体状。布里斯托大便分类法后来被用作临床诊断的参考，也会用于科学研究和实验。科学家在讨论哪种动物的粪便最大时也会借鉴该分类方法，这一方法在学术期刊《软材料》中也出现过。

洞，把抢到的粪便先埋起来，留着以后慢慢享用；“最负盛名”的做法则是把粪便滚成一个球，然后运走。有些个头大的蜣螂，能把粪便滚成一个网球那么大。

大象是草食动物，我们再来看看肉食动物。在排便量惊人的肉食动物中，一定少不了已经灭绝了的霸王龙。可喜的是，人类发现了一块霸王龙粪便的化石，科学家对其中的粪便进行了数据采集。这块粪便发现于加拿大的萨斯喀彻温，长 44 厘米，体积将近 3 公升。刚排出的粪便很可能更大，因为在数百万年的时间里，受到挤压和水分流失会让粪便变小。这块粪便非常之大——科学家认为这是人类所发现的最大一块食肉动物的粪便——不过最引人注目的是，整块粪便将近

一半是根骨头。那些说霸王龙会仔细地撕扯下猎物的皮肉细嚼慢咽的人可以打住了。它们吃起东西来一定是狼吞虎咽，骨头和肉一起囫囵吞枣。

你或许纳闷，我为什么不提《侏罗纪公园》[①]里那一坨两米高的恐龙粪便呢？因为那是虚构电影中的情节。

假如我们关注的不是一块一块的粪便，而是一次排出的总量的话，那么无论是大象还是霸王龙都得出局。

几年前，摄影师艾迪·基什法鲁迪抓拍到了一个不可思议的场景：一头蓝鲸身后拖着一条长长的淡红色物质，其长度差不多赶上了蓝鲸的身长，大约有30米。我们无法判断它最深能流到哪里，但很显然这是蓝鲸的大便，淡红色来自于蓝鲸的主要食物，一种藻类。鲸鱼的粪便质地轻盈

屁屁量表

① 《侏罗纪公园》：一部1993年拍摄的科幻冒险电影。

松软，虽然不如大象或者霸王龙的粪便那样压秤，但长达 30 米的规模堪称动物世界粪便体积之最。并且，就跟大象一样，鲸鱼的粪便对于当地环境来说至关重要。鲸鱼能把深海大量的氮元素带到海面，从而让表面的海水更丰饶，为食物链注入了能量。

很显然，粪便的黏稠度，动物的饮食，以及能否找到粪便的样本，尤其是已经灭绝动物的粪便，使得判断哪种动物的粪便最大的过程变得更加复杂。毋庸置疑，蓝鲸是实至名归的冠军。从上文的例子中我们发现，动物的粪便能反映出它们对周遭环境所产生的影响。真是妙啊！

9. 为什么斑马要长条纹呢?

这一问题已经困扰了我们一个半世纪，却仍然没有确切的答案。最广为流传的解释有四种，但只有一种有些可信度，而且，它跟你想的或许有些出入。

我们先从“条纹是保护色”这一观点入手。一眼看过去，条纹只会让斑马更显眼。（在有多种植被生长的环境中，棕色和绿色的条纹效果另当别论，可黑白条纹也能是保护色？）实际上，我们应该把“保护色”换成另外一个词——“干扰”。有实验专门研究过人类的追踪行为，结果发现，人类在电脑屏幕上跟踪目标时，显著的条纹图案会增加精确跟踪的难度。不过那是实验室的人类；对于狮子和豹子来说，是不是另外一回事呢？科学家模拟了两种斑马的天敌——鬣狗和狮子的视觉系统，发现这两种动物在白天根本无法辨认出条纹，除非距离在 50 米以内——黄昏时是 30 米以内。所以可能的情况是，狮子在看不到斑马时，是根据斑马的轮廓或是气味进行捕猎的。

值得一提的是，在狮子与斑马共生的区域内，从两种动物的数量来看，狮子吃掉的斑马数量比我们预想的要多。由此可见，条纹并不太可能起到保护色的作用。

第二种理论认为条纹是斑马社交活动中的信号。在动物王国中，羽毛、皮毛与皮肤的颜色和图案是吸引异性交配与获得群体认可的部分条件。斑马是高度社会化的动物，或许条纹的样式能帮助它们辨别对方。可是野马不需要条纹也能辨认出彼此，它们可以借助视觉、听觉和嗅觉，因此条纹对于斑马来说也不是必需的。而且，皮毛上没有条纹的斑马并没有遭到排挤：五十年前有人在津巴布韦看见过一匹身上长满斑点的斑马，其他斑马似乎也接受了它。

那么条纹是为了降温吗？这种想法的确很酷，黑色条纹比白色条纹吸收的热量更多，这是该理论的基础。热量的差异（理论上）会产生气流，吹过斑马身体。某个研究团队想知道条纹的样式是否会随着气候的变化而发生变化，结果发现，那些生活在最炎热地区的斑马，条纹的颜色最深，也最明显，黑白对比更强烈。这说明条纹确有可能是对热量的一种反应。但这种相关也可能只是巧合而已。于是另一只团队又做了一项研究，他们在金属罐里装上水，一些罐子外面是条纹图案，另一些则是单一的动物皮肤色，然后测量水温。结果显示水温并没有显著差异。所以条纹是为了降温这一说法逐渐被人们抛弃了。

最后，条纹是为了赶走来叮咬的飞虫？我们可以想象减少蚊虫的叮咬对动物来说有多重要：

不仅会更舒服——斑马的毛比较短，蚊虫很容易吸到血——也有利于避免感染蚊虫会传播的疾病。但要想设计出能检验这一观点的有效的科学实验并非易事。最近的一项研究是美国加利福尼亚大学戴维斯分校的蒂姆·卡洛（Tim Caro）所展开的，他对条纹的研究已经持续了好几年，甚至还写了本有关条纹的书。

他和他的团队去了英格兰的一个农场，那里既有普通的马，也有斑马。这一农场是马蝇的天堂，因而也是观察马蝇是否“厚此薄彼”的理想场所。除了条纹，在马蝇眼里，普通马和斑马并没有区别。

通过追踪马蝇的踪迹，研究人员发现，当它们靠近普通马的时候，会先在空中稍作停留，然后盘旋几圈，落下来，四处爬动，接着才开始叮咬。可马蝇靠近斑马时，并不像攻击普通马那样，先减速降落，而是迎面径直飞过去。有时候马蝇在最后一刻会突然掉头飞走，或者轻轻碰到斑马的皮毛再飞走；但有时也会直接对准斑马的脑袋飞过去，反弹回来再飞走。根据观察记录，马蝇接触斑马皮毛的频率更高，但马蝇在普通马的皮毛上落下的频率则更高。

为了搞清楚这种差异是不是由条纹造成的，研究人员给普通马穿上了有条纹图案的衣服，结果是这些马身上少挨了不少叮咬，但没有遮盖的头部被叮咬的次数与之前一样。因此，马蝇排斥的并不是斑马，而是斑马身上覆盖条纹的部分。

也有人认为条纹在马蝇生存的环境中并不常见，或许条纹干扰了马蝇的眼睛与大脑之间的协调。条纹没有在动，但马蝇觉得它仿佛在动，所以马蝇才会掉头就走。或者反过来，条纹明明在动，马蝇却以为它是静止的，所以会直接朝斑马冲过去。与之最接近的生活中的例子是理发店门口摆放的转灯，人们感觉灯箱内的条纹在往上或往下移动，这是由条纹旋转的方向决定的。

别忘了，一匹斑马身上的条纹有宽有窄，对比度也不一样；有些部位的条纹是水平的，而有些部位则是垂直的。这些差异性只会让马蝇的判断力变得更糟。

蒂姆·卡洛还提出，条纹或许还能引起另外一种错觉：它们就像黑色物体整整齐齐地排成一排，中间有空隙，马蝇误以为自己能飞过空隙——事实上，它并不能。

如果这一理论成立的话，为何其他容易受到蚊虫叮咬的动物没有进化出条纹呢？就连跟斑马一起生活在非洲的其他动物都没有条纹。还有长颈鹿的亲戚獾㹢狓[①]（huò jiā pí），它们为什么只有腿部长条纹呢？

150 年前，查尔斯·达尔文也参与了斑马为什么长条纹的争论，今天我们仍然在讨论这一问题，不过或许这是我们有史以来第一次找到了相对可信的理论。让我们对真相翘首以待吧。

---

① 獾㹢狓：一种直到 1901 年才在非洲扎伊尔森林中被发现的大型哺乳动物，又被称为欧卡皮鹿。它是长颈鹿科中的一种偶蹄动物，与长颈鹿有亲缘关系，是长颈鹿唯一尚未灭绝的近亲。由于它的后部有黑白交替的条纹，它看上去非常像一匹斑马。

历史迷雾

什么是黑死病?

黑死病，又被称作淋巴腺鼠疫或黑色瘟疫，它可能是过去两千年中，最为致命的疾病。从1347年到1352年，大约共有两千万人死于黑死病，占了当时欧洲总人口的一半。相较之下，在第一次世界大战接近尾声时所爆发的大流感（又名“西班牙流感”）夺去的生命更多，介于五千万到一亿之间，但只占了当时世界人口的5%。

实际上，黑死病的影响绝不止五年：在之后的几个世纪，它辗转于欧洲和中东，在各处零星爆发。但我们了解得最多的是1347年在欧洲爆发的黑死病。

那年秋天，一支船队从黑海出发，后停泊在西西里港口。当地人看到船上的船员后大惊失色，他们要么已经一命呜呼，要么在垂死挣扎，身上布满了黑色的脓包。港口的主管立刻命令船只不得停靠在港口，但为时已晚，细菌已经开始在西西里蔓延滋长；在接下来的四年中，疾病蔓延到了整个欧洲。

一旦被这种可怕的细菌感染，生存的概率微乎其微：腋窝、脖颈与腹股沟的淋巴结会肿胀发黑，细菌与人体的自体免疫反应强强联手，最后把人置于死地。黑死病所导致的死亡人数固然令人震惊，但当时人们对于这种疾病的生动描述则更加骇人听闻：海面上漂泊着无助的船只，船员已悉数丧命；巨大的坟堆里堆满了尸体，足足有五层厚，有人写道，就像千层面；原来热闹的村庄变得荒无人烟；医生们一筹莫展，束手无策。黑死病直到1352年才偃旗息鼓，但是它所造成的影响却绵延了数百年。

科学揭秘！

今天仍然有人因为鼠疫而丧命。2019年，一对蒙古夫妇因为生吃了土拨鼠的肉和肾脏而感染致死，这是因为土拨鼠的体内藏匿着鼠疫杆菌。不过这种情况非常罕见，爆发大规模鼠疫的可能性并不大。

如今科学家们重现了1347年鼠疫的传染机制，其实并不复杂。当时人们所生活的地方，无论是在船只上还是在市镇上，四处都能看到老鼠的踪影。老鼠身上有跳蚤，如果跳蚤感染了鼠疫杆菌，老鼠也逃不掉，会很快死掉。老鼠还活着时，跳蚤已经从它身上吸饱了血（和细菌），接着跳蚤寻找新的猎物，重复这一

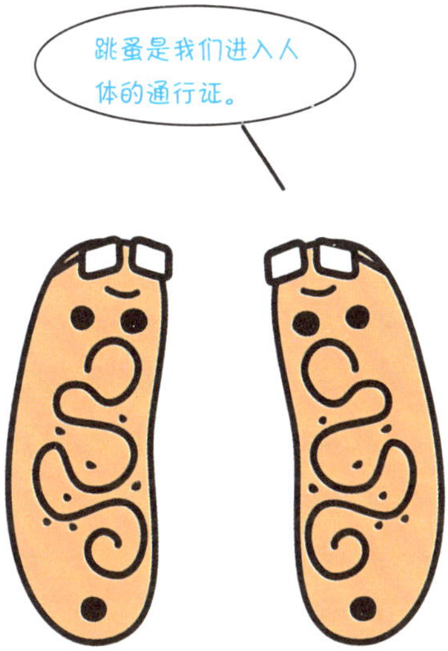

过程。随着老鼠总数的减少，跳蚤只能吸食人类的血。鼠疫病毒在人体内通常没有活路，但如果机缘巧合的话，却能通过呼吸传染给下一个人。这就是肺鼠疫，比跳蚤所传播的鼠疫更致命。当时的欧洲人从未遇见过这种病菌，也没有免疫力，于是疾病开始在欧洲肆虐：1347 年秋天，黑死病从西西里开始爆发；到第二年六月，就已经席卷了法国、西班牙、葡萄牙和英格兰；1348 年到 1450 年，又蔓延到了德国、苏格兰与斯堪的纳维亚——在那个陆地上最快的交通工具是马车，水上最快的交通工具是帆船的年代，瘟疫传播的速度却像海啸一般。这也是有些人满腹狐疑的原因：疾病的传播需要时间，需要经过很多过程，这场鼠疫如何能以迅雷不及掩耳之势传遍欧洲？

有研究人员指出，黑死病或许与我们所预想的情况大相径庭，他们给在欧洲各地的坟墓中找到的黑死病患者的牙齿做了基因检测，结果发现了微量的鼠疫

知乎？

黑死病病菌很可能是战争史上人类首次使用的生化武器。在黑死病还未蔓延至欧洲前，鞑靼人的军队包围了克里米亚半岛的城市卡法（也就是今天的费奥多西亚），他们用投石器把死于黑死病的病人的尸体往城内投射，以迫使对方投降。城里面的人被吓得胆战心惊。但现代专家认为，这种战术或许只能吓吓人而已。

杆菌——或许还有其他两到三种细菌。研究人员认为，细菌传播的途径与我们原先设想的也不一样。

让我们抽丝剥茧，仔细分析一下当时的老鼠是什么情况。在14世纪，黑鼠很常见，但我们很难把它与遭受鼠疫荼毒的所有国家都联系起来。

举例来说，黑鼠不耐寒，它们能在南欧繁衍生息，但意大利与挪威的气候相去甚远，可挪威也遭受了鼠疫的沉重打击。挪威的考古学家在中世纪海边市镇的遗迹中发现了黑鼠的骨头，很可能这些黑鼠是随着船只来到了挪威；并且他们在农村或者内陆城镇只找到零星的黑鼠骨头，也就是说，挪威黑鼠的数量不足以建立起广泛传播黑死病的网络。

人类近年来也爆发过传染病，或许不如黑死病那般惨烈，但我们从中可以获得一定的启发——比如19世纪90年代在中

国香港爆发的传染病——在这些案例中大量的老鼠受到感染后迅速死亡。据当时的记录者描述，老鼠从房顶上跌落，很多死老鼠就堆在街道上。但在14世纪50年代的挪威或者更往南的国家，比如英格兰，并没有这样的记载。如果老鼠跟黑死病并无关联，那谁才是真凶呢？

在过去十年左右的时间里，研究人员怀疑过人类身上的寄生虫，比如人身上的跳蚤，而不是鼠蚤；还有人身上的虱子，都起到了传播疾病的关键作用。在中世纪，人们的衣服和床上很可能布满了跳蚤和虱子。出门在外的人至少要带上衣物，或许也会带铺盖。这就能说解释为什么黑死病传播如此之快：并不需要等到当地的老鼠都被传染，才会波及人类。也正是这个原因，才会有全家无一幸免，但邻居却安然无恙的情况出现。（老鼠的领地很大，能同时覆盖几家的房子，而非仅仅一家。）最近，研究人员运用数字模拟技术模拟了黑死病以及随后几次瘟疫的传播模式，其中使用的是人类寄生虫的数据，而不是鼠蚤的数据，结果发现，前者的模拟结果与黑死病的

科学八卦！

很多人以为童谣《围着玫瑰转圈圈》（这是欧美一首经典儿歌）的诞生是受到了黑死病的影响。据说《围着玫瑰转圈圈》指的是黑死病病人皮肤上的斑点，“满口袋花香四溢”则是指人们用鲜花来驱赶疾病，“哦嚏，哦嚏”（或者“阿嚏，阿嚏”）是模仿打喷嚏的声音，当然“我们都倒下了”就是指死亡。

但其实直到1881年，这首童谣才首次见诸文字；直到1961年人们才把它跟黑死病联系起来。如果这首童谣的灵感真是黑死病的话，那么孩子们已经偷偷地吟唱了五百多年。这明显是无稽之谈。

实际传播模式更接近。

为什么人们会对六百年前的那场瘟疫有如此浓厚的兴趣？因为那场瘟疫的始作俑者鼠疫杆菌仍然存在，并且会在小范围爆发，仍然能夺去人类的生命。我们对鼠疫杆菌及其人传人的途径了解得更多，我们在面对由气候、寄生虫与抗生素耐药性共同造成的严重疫情时才能更加从容。

第三章

异象奇观

1. 我们在遇到紧急情况时，时间会变慢吗？

大约五十年前，两位精神病学家拉塞尔·诺伊斯（Russell Noyes）与罗伊·克拉迪(Roy Kletti)访谈了一些有过濒死经历的人。他们有的是从山上掉下来，有的是溺水，有的是遭遇车祸，还有些是在前线经历了炸弹爆炸——总之，都是能置人于死地的突发事件。两位专家请这些人描述了当时的感觉，他们提到了两种明显的异常感觉。

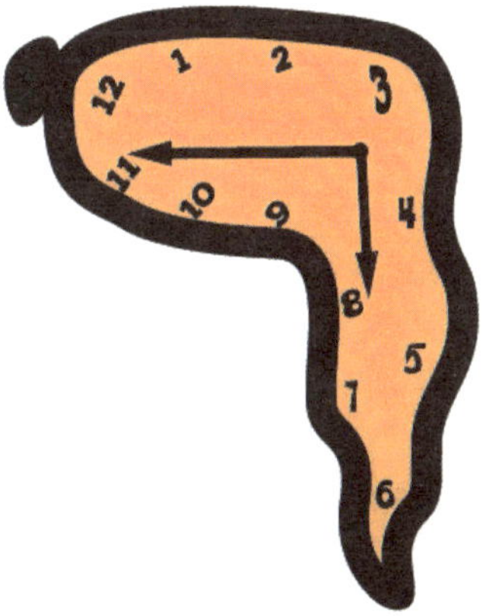

首先，多数人都感觉到时间仿佛静止了，或者说至少变慢了。有个货车司机是这么描述自己的身体在空中十米高的地方来回翻转的：“我当时心想这回完了，要么死要么重伤，然后我就失去了知觉。那一刹那好像变成了永恒，一切都放慢了速度……”还有位开车的年轻女士是这么说的：“我感觉时间似乎停止了，一切仿佛都定格了……”

还有很多人提及，在这样的生死攸关的时刻，他们的思维比平时要更敏捷，反应速度也快得惊人。在紧急关头，他们的脑海中不仅会浮现过去的记忆，也能快速地想出对策——一切都发生在电光火石之间。

首先，我们没理由不相信这些受访者的叙述，并且在诺伊斯与克拉迪之前，已经有研究人员发现过同样的情况。但究竟为何如此，时间为什么似乎停止了，却颇让人费解。毕竟，时间的流逝有着恒定的速度，不受人类意志的控制；手机或手表告诉我们几点，时间就是几点。不过请注意，现在我们谈论的时间不是宇宙的某种特性，而是人类的主观感受，人类的体验。

知乎？

有些动物跟人类很不一样，它们能让自己看到的事物“减速”。我们都知道，动态视频其实是由一帧帧连续放映的静态画面串联而成的。人类观看视频时，由于视觉有暂留效应，我们就感觉所见的是一系列流畅的画面，而不是一幅幅静止的图像。但狗所看到视频的则是一帧帧静止的画面。有些动物的视觉分辨能力比狗要敏锐，比如在苍蝇眼中，人类的动作就非常笨拙迟缓，就好像《黑客帝国》[①]中尼奥仰身躲子弹的慢动作镜头。

当然，这两种感觉——时间的停止与思维的加速，是非常主观的体验，这就给科学研究带来了难度。大约十年前，神经科学家做了一个实验，以验证这两种感觉。研究人员让实验对象体验模拟的性命攸关的时刻，以测定他们的思维是否更加敏捷。接着，实验对象还要判断整个过程大概花费了多长时间。

---

①《黑客帝国》：华纳兄弟公司发行的系列动作片。

研究人员将仪器绑在实验对象的手腕上，这个仪器有两种显示方式——红色数字和黑、白、灰色的背景色；或者反过来，黑、白、灰色的数字和红色背景。假如这两种显示交替出现，并且交替速度足够快的话，就无法分辨出数字和背景。当交替的速度达到三万分之一秒至五万分之一秒时，多数实验对象根本就无法分辨出数字和背景。为了验证人们在紧急状况下的反应能力，研究人员将交替速度调至六万分之一秒，比临界值还要快一点；也就是说，正常情况下实验对象是不可能看清楚数字的。但是如果他们的反应变得更加敏捷，就能分辨出来。

“生死攸关”的体验（实际上实验对象很安全）则来自得克萨斯州达拉斯零重力体验馆的一个项目——空中俯冲塔。实验对象要从 31 米的高空自由落体，不过下面有个安全网刚好能接住他们。整个下落过程只有 2.5 秒钟。如果说在生死关头人的大脑确实转得更快的话，那么即使交替显示的速度超出了临界点，实验对象也应该能看清楚仪器上的数字。结果所有人都失败了；换言之，大脑仍然在以正常的速度运转，至少在这个实验中如此。

实验对象又把自己所感知的整个过程的时间，与他们认为的别人所用的时间进行了比对，结果发现，自己感知的时间明显更

长。根据他们的回忆，时间确实变慢了；但在坠落过程中，大脑是常速运转的。研究人员由此推断，所谓的时间停止的说法不过是记忆的偏差，并非事实。

这个实验构思固然巧妙，但显然没能准确地模拟出真实的濒死体验。（让实验对象经历真实的濒死体验是有悖伦理的。）空中俯冲项目与真正的生死关头不同，实验对象是有备而来，他们知道已经有很多人体验过这个项目，也亲眼目睹了其他实验对象高空坠落的过程，所以不会感到

知乎？

许多研究表明，人类所感知的时间与时间实际流逝的速度并不一致。在同样的时间内，个人的状态，比如注意力是否集中，有没有发烧，或者年龄的差异，决定了人们所感知的时间的流逝是快还是慢。我们所感知的时间或许与钟表所显示的并不相同；一旦你相信这一点，那么在非同寻常的关头，你也会感觉时间似乎真的放慢了脚步。

猝不及防。

时间变慢与思维变快这两个说法，似乎第二个更容易解释。我们都知道在危急关头，与“战斗还是逃跑”[①]机制相关的激素能让我们的反应更加迅速，所以那些声称自己在性命攸关时刻思维变得更敏捷的人，也确实能准确无误地描述事情的经过。但我们需要更多权威性的实验来证实或否定这一说法。

① 战斗还是逃跑反应：心理学、生理学名词，1929 年由美国心理学家怀特·坎农（Walter Cannon，1871—1945）所提出，指的是动物机体面对威胁时通常会激发神经和腺体产生应激反应，使躯体做好防御、挣扎或者逃跑的准备。

2. 结账时，如何判断排哪支队伍速度最快？

你在超市购物，跟往常一样急匆匆的。到了结账处，你发现每台收银机前面都排着队，有长有短。你大概扫了一眼，选择了看起来最快的那一队。没过几分钟，你心里就开始暗暗叫苦，抬头瞥了一眼，寻思着要不要换条队。至少有两件事让你很不痛快：首先，做数学题估算时间让你很头疼；其次，你的耐心就快要磨没了。好消息是——你或者超市——可以改变这一局面。

我们先来看看估算排队时间的数学题。如何确定哪支队伍最快？你应该知道，只是数清楚前面有几个人是不行的，因为我们不能保证每个人结账所花费的时间都是相同的。你或许还大概估算了一下每个购物车里装了多少物品，然后将每支队伍物品的数量——而不是购物车的数量——比对了一番。这么做很明智，但其中的数学比这还要复杂。

美国数学家丹·麦尔（Dan Meyer）专门去超市研究了一番，以确定这一问题所涉及的所有变量。通过调查美国的全食超市，他发现，收银员与每位顾客互动的时间超过了40秒，但处理每件商品所需要的时间只需三秒。这组数字说明了为什么两辆物品堆成山的购物车却比三四辆半满的购物车结账更快。收银机的数据显示，顾客付钱的这段时间足够收银员处理将近14件商品。这也就是说，去快速购物通道排队并不是个好主意，因为很多只买了几件商品的顾客会在那里排队，结合上文的数字来看，快速购物通道结账的速度其实更慢。

你或许认为付款方式——用现金还是信用卡（或借记卡）——多半会影响交易的速度。麦尔也发现了这一现象，只不过他的说法是：跟用卡结账相比，用现金更快。他指出，有些人在用信用卡结账时会手忙脚乱，不知所措；而用现金结账时出现这种情况的概率要小得多。

麦尔对超市排队付款的分析发表于2009年。从2009年到现在，信用卡的使用变得更方便了，特别是智能手机的出现，让操作变得更简单。这就意味着用现金结账与用信用卡结账所花费

知乎？

有研究表明，美国人每天平均有半个小时的时间浪费在排队上。

的时间也有所变化。自助结账的普及更是改变了原先的局面，顾客自己扫码看似节约了时间，但并不一定比收银员的速度更快。当然，从零售商的角度来看，自助结账是件美事：雇用的员工少了，可营业额一分不少。

其实有个办法可以免去顾客做算术的烦恼，那就是“蛇形排队法”。所有排队的顾客都集中在一起等待，队伍蜿蜒成蛇形，同时开放多个收银台，每个收银台一次只接待一名顾客；收银台每接待完一名顾客，蛇形队伍中的第一个就接上。如此一来，顾客既不会感到焦虑，同时结帐速度也会加快。但漫长的等待无论如何都会让人感到沮丧。

心理学家丹·卡尼曼（Dan Kahneman）与西弗·卡蒙（Ziv Carmon）给大家阐述了在超市排长队是多么地让人苦不堪言。

他们的分析显示，刚排上队时，顾客的情绪都比较低落，因为他们不知道自己排的这一队速度如何。接下来，他们的心情就像坐过山车一样起起伏伏，队伍每往前挪动一次，就高兴一场；但只要队伍停下来，立刻又变得灰心丧气。而且，他们无暇对下一步的状况进行合理预期，顾客们的眼睛盯着左右两旁的队伍，担心旁边的队伍往前挪动得更快，于是心情变得更加复杂。眼看快到收银台时，他们的心情才开始慢慢变好——终于轮到我了！

知乎

专门研究排队的理论——“排队理论”，是由丹麦的工程师艾格纳·克拉普·厄伦格（Agner Krarup Erlang）在20世纪提出的。那时手机尚未问世，更别提智能手机了，打电话都要先接通总机。厄伦格面对的是一个棘手的难题，他想搞清楚哥本哈根究竟需要多少电话线才能接通所有电话。他的目标有两个：第一，打电话的人不需要等太久就能接通电话；第二，不用额外再雇用接线员。解决这一难题所用到的数学知识就是排队理论的一部分。

虽然在整个排队过程中顾客的心情跌宕起伏，卡尼曼和卡蒙却发现，最后结账那一刻的巨大喜悦让他们对此经历的记忆美好了许多。下面我给大家介绍一些巧妙的方法，能够有效地缓解焦虑和沮丧，让排队的体验变得更好。

首先要给顾客带来乐趣：像迪士尼这样的游乐场就做得很好，排队等候的游客不会无聊，反而感觉像在公园里看展览一样有趣。但超市很难给顾客带来同样愉快的体验，不过有些商店会在蛇形队伍或收银通道的两侧放置一些小商品来分散顾客的注意力（也是为了促销，顾客会随手拿一些放进购物车）。你也可以用智能手机或者杂志来打发无聊的等待时间。任何形式的消遣都能改变你对时间的感知。如果等地铁时，实在没有任何娱乐方式，那么你不妨准确地计算一下自己什么时候才能到达目的地；比起毫无目标地等待时间，这样做你的心态会放松许多。

漫长的等待让人苦恼，但大家可别忘了，等快轮到你时，你的心情就会好很多。但愿你前面的那个人没有优惠券可用，那最耽误时间了！

3. 为什么耳机线总会打结？

假如鞋带不能打结的话，那还怎么系鞋带？可耳机线打结却很令人崩溃。解开弯弯绕绕的线结真是辛苦又乏味，不过思索一下耳机线为什么会打结却是件有意思的事情。要知道，有时耳机只是静静地躺在背包里，这样居然也能打结？

大约十二年前，加利福尼亚大学圣地亚哥分校的两位物理学家多莉安·M. 雷默（Dorian M. Raymer）和道格拉斯·E. 史密斯（Douglas E. Smith）就对这一现象进行了研究。他们将研究成果以论文的形式发表，论文题目为《摆动的线绳为何无故打结》，实验设计见下文。首先，他们做了一个边长约 30 厘米的正方形的盒子，盒子的两头与金属棒相连，金属棒转动也会带动盒子转动。然后他们把一根线绳扔到了盒子里，盖上盖子，接着转动金属棒。整体效果类似烘干机里翻滚的衣物。

要想线绳缠绕起来，它的一

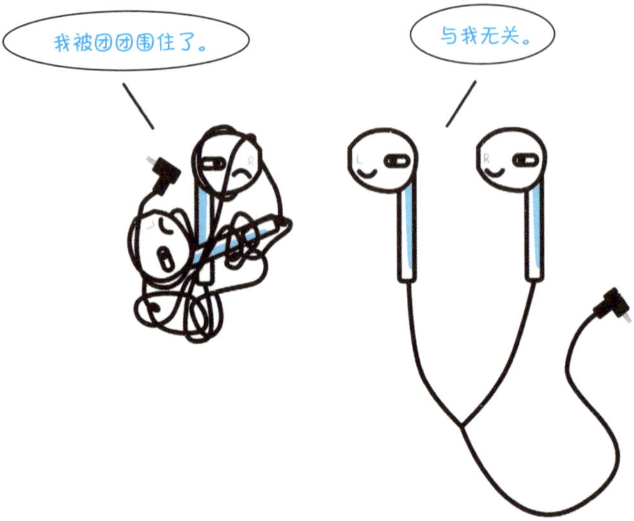

端必须穿过其余部分；穿过的次数越多，打的结越多。雷默与史密斯发现，绳子摆动的速度与长度是两个关键性因素（这根绳子的直径大约 2.5 毫米）。假如绳子的长度只有46厘米或者更短，那它就不会打结。这或许是因为绳子的两头与中间部分接触的机会比较少。但长一些的线绳却能轻而易举地纠缠起来：假如绳长是 1.5 米的话，打结的概率可达 50%。

摆动速度要达到每秒种三次才会对打结的概率产生明显影响。高速摆动的线绳多数时间会撞到盒子的内壁，这就大幅度地缩短了其翻滚的时间，从而减少了打结的概率。如果把盒子的体积缩减三分之一也会产生同样的效果：因为没有足够空间让绳子打结。

雷默与史密斯还发现，线绳的柔韧性同样重要。越不易弯曲的线绳打结的概率越低，因为在快速摆动的条件下，不易弯曲的线绳很容易撞到盒子的内壁。没错，越容易弯曲的绳子越容易打结，因为它们总是翻来滚去。研究人员总共做了 3415 次（！）实验，将收集到的数据进行分析。结果显示，线绳的各部分常常呈互相平行的状态，并且线绳的两端很容易穿过平行部分。其过程其实相当复杂：这样一个简单的机制居然能产生 120 种不同的缠绕方式。并且，物理学的知识告诉我们，线绳一旦缠绕起来，再想解开是非常麻烦的。线绳最开始完全不受束缚，现在却纠缠在一起，一点一点解开需要耗费大量的精力。最糟糕的是，解结的同时还会冒出来新的结来。

科学揭秘！

脐带打结的概率大约仅有 1%。据雷默与史密斯的推测，脐带打结的发生率很低，是因为子宫里没有足够的空间让脐带缠绕。

回到开始的问题，背包里的耳机线缠绕成了一团，会不会是因为像字母 Y 形的线绳更容易打结呢？我建议大家选择粗线的耳机，或者耳机线短一些的耳机，不过这样的耳机使用起来肯定会麻烦一些。你也可以把耳机挂在脖子上，甚至可以将它缠绕在一个小棒上，或购买无线耳机。

你也可以索性听之任之。等着瞧吧，耳机只不过在背包里待了几个小时，就能变得如此“难缠”，你大概没想到吧。

传说，世界上最难解的结是几千年前由弗利吉亚的国王戈耳迪所系。戈耳迪之结繁杂巧妙，牢固难解。天神有谕，凡能解开此结者，便是“世界之霸主”。亚历山大大帝[①]经过弗利基亚时听到了这个传说，下决心要解开这个结。可无论他怎么拉扯扭转都无济于事，最后他拔出利剑一挥，斩断了这个复杂的乱结，并称神并没有规定必须用哪种方式解开。（你也可以用这个方法解开耳机线，只是耳机怕是要变成一次性产品了。）亚历山大大帝完全是在诡辩，可是谁又敢与他争辩呢？他后来的确成了世界的霸主。

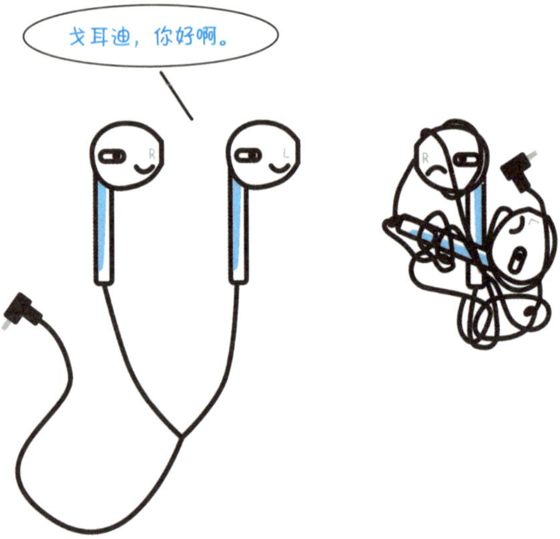

① 亚历山大大帝（Alexander the Great，前 356—前 323）：即亚历山大三世，生于古马其顿王国的首都佩拉，世界古代史上著名的军事家和政治家。

4. 胡蜂能把蟑螂变成僵尸吗？

我一定是《行尸走肉》①看多了，在我眼里，僵尸都是一个样：他们曾经是人类，走起路来踉踉跄跄，怒目而视，嘴巴里流淌着黏液，喉咙里发出可怕的低吼声，没完没了地四处找寻新鲜的人肉。值得庆幸的是，僵尸只存在于科幻作品中。对的，至少由人变的僵尸在现实中并不存在。但在昆虫世界中，却有生物非常接近这种令人毛骨悚然的构想。

根据广义的理解，僵尸是指那些死去又活了过来的生物，但它们没有自由意志。“没有自由意志”这点至关重要，我们据此才能断定在自然界确实存在昆虫

① 《行尸走肉》：一部由弗兰克·德拉邦特执导的美国恐怖电视连续剧，改编自同名漫画。该剧于 2010 年 10 月 31 日在 AMC 有线电视网开播，是电视史上第一部丧尸电视剧。

僵尸。我们就以扁头泥蜂与蟑螂为例。对于蟑螂来说，扁头泥蜂是噩梦一般的存在；但对于科学家而言，这是动物军备竞赛逐渐升级的绝佳例证，是一场捕食者和猎物之间的角逐。

扁头泥蜂比蟑螂的个头小很多，大约 2.2 厘米长；而蟑螂不仅是它的两倍长，还要宽上好几倍。不过这时候个头并不重要：扁头泥蜂有它的杀手锏。

第一轮攻击——先发制人：扁头泥蜂猛扑下来，从后面攫紧蟑螂，然后将毒液注入其胸背部，也就是蟑螂身体中间的部位。蟑螂的前腿立刻动弹不得，只能向前猛地瘫倒，头部着地。其实蟑螂本可以缓过劲来，但片刻的动弹不得最终却会让它一命呜呼，因为扁头泥蜂正是逮到了这个机会，将要对即将到手的猎物进行精准打击。

第二轮攻击——乘胜追击：扁头泥蜂爬到蟑螂的头部，寻找合适的位置以注入了第二剂毒液。它的动作必须像外科医生一样精准，目标是蟑螂大脑的中枢神经元；这一击不仅致命，其后果也不可思议。首先，蟑螂开始梳理身体，这一过程比平时用时明显变长；它会不厌其烦地用嘴巴一遍又一遍地梳理前腿和

触角。梳理身体是蟑螂的正常行为——这有利于保持触角的清洁，这样蟑螂才能察觉到生存环境中的变化——但被注入毒液的蟑螂梳理的时间却长达30分钟，这很反常。而30分钟的时间足够一只雌性扁头泥蜂挖出一个洞。

忙活完之后，扁头泥蜂要继续对付自己的猎物了——在它离开的这段时间，蟑螂完全没有要逃跑的意思——扁头泥蜂把猎物的触角咬成两截，断口处渗出淋巴液（相当于人类的血液），扁

科学揭秘！

蟑螂这一物种已经在地球上生存了数百万年，因为它们有着出色的生存技能。比如，切掉脑袋的蟑螂能活几个星期都不会死。人类可不行，如果大脑与身体分开，人就无法呼吸。而且，人类血压很高，头颅和身体分开的话，人会流血至死。这些对蟑螂来说都不是问题，它们的身上布满了气孔，可以通过气孔呼吸。另外，它们脉管系统的压强很低，也就是说淋巴液能够迅速凝结，不会因为失去体液过多而死掉。不仅如此，它们的神经系统跟我们也不一样，一只没头的蟑螂至少能再活上几周；它可以四处活动抓挠，甚至能避开电击。所以我们才会说蟑螂是“打不死的小强”。

头泥蜂便以此为食。（或许淋巴液有营养？科学家也不知道。）接着，它抓起一截断了的触角，指引猎物前进；而蟑螂就像被人牵着的狗一样，乖乖地跟着扁头泥蜂进了洞穴。这时候蟑螂完全可以自主行走，按理说它可以逃跑，可它却完全没有反抗的意思，它已经变成了一具僵尸。更可怕的事情还在后面。

蟑螂进入洞穴深处之后，扁头泥蜂会在靠近蟑螂胸部的位置，中肢的关节处，产下一枚卵。然后扁头泥蜂会离开洞穴，用沙砾封住洞口，至此扁头泥蜂就算大功告成了。

几天后，扁头泥蜂的幼虫从卵中孵化出来，它会在蟑螂的身体上咬个洞，吸食它的淋巴液。再过几天，它会钻到仍然活着的蟑螂体内，吞噬它的内脏。你或许觉得这已经够毛骨悚然了，更可怕的事还在后面。幼虫在取食内脏时会按照一定的顺序，让蟑螂尽可能活得久一点，以保持食物的新鲜。最后它会在蟑螂被吞噬一空的体内作茧化蛹。一个月之后，已经长出翅膀的成年扁头泥蜂会飞出洞穴，进行交配，寻找猎物，如此循环往复。扁头泥蜂一生可以杀死好几只蟑螂。正如人们所说，每一只扁头泥蜂都是“脱胎于蟑螂”。

蟑螂的命运似乎非常之悲

惨，但它也并不是只能坐以待毙。扁头泥蜂有先进的化学武器，可蟑螂也有自己的一套功夫，只不过有点过时而已。它也会反击，一旦察觉到扁头泥蜂将要发起攻击，蟑螂就会“踩高跷”，把腿伸直，让身体离开地面。摆出这一姿势后，它可以用触角来追踪敌人的方位，及时调转方向。如果蟑螂感觉到自己的生命受到了威胁——扁头泥蜂的螫针已经伸了过来，正准备注入毒液，它就会把后腿往前伸，然后拼命甩动身体，好把敌人赶走。如果蟑螂能控制好方向，扁头泥蜂就会被甩出去。

蟑螂还有其他招数。在肉搏战中，它会用腿上的棘状突刺挤压扁头泥蜂，甚至会咬对方。强硬的防御措施能震慑到敌人，让对方放弃进攻。实验研究表明，将近三分之二的蟑螂可以通过自卫逃脱变成僵尸的命运——这个逃生比例其实还不错。

如果这真是动物世界的军备竞赛，那究竟谁的武器更有优势？很显然，扁头泥蜂已经进化出了专门制伏蟑螂的精准武器。而蟑螂的防御体系相比之下虽然有些落后——蟑螂的天敌很多，但它们的防御策略却只有一种——却也有一定的防御效果，虽然它们并没有像昆虫战争中的其他受害者一样，进化出能抵御毒液的武器。

综上所述，我认为扁头泥蜂是军备竞赛中的优胜者。不过毋庸置疑，蟑螂也有其生存之道。

5. 什么是过目不忘？

人们常说的过目不忘，一般情况下是指将所看到的东西以图片般的精准度存贮到记忆中的能力。这些被存储下来的图像即使在很久之后仍然清晰可靠，并且还能扫描识别。这并非常人所能企及的，迄今也没有确凿的证据证明有人能过目不忘。

最具有可信度的证据是哈佛大学的心理学家查尔斯·史特罗麦尔三世（Charles Sromeyer III）于 1970 年公开的研究结果。他的研究对象是年轻的艺术家伊丽莎白，该女子声称自己看一幅画只需几秒钟的时间，就能把作品在空白的画布上“复制”出来，不遗漏任何细节。

史特罗麦尔的实验设计可谓非常精巧，他使用了“随机点立体图”。我们现在会用手机扫描二维码，而随机点图跟极为复杂的二维码非常相像，只不过史特罗麦尔设计的随机点立体图更加杂乱：每幅图中有 10000 个点。史特罗麦尔将两幅随机点立体图放在立体镜前，让被测试者一幅

右眼能看到，一幅左眼能看到；只有将两幅图中的点结合起来，才能看到图像——字母表中的某个字母。也就是说，想要看到图像，你首先得能同时观察两幅图。

但伊丽莎白不必如此。史特罗麦尔先给她看一幅图，然后再给她看另外一幅。一开始他将间隔时间设置为 10 秒钟，然后延长至 10 分钟，结果伊丽莎白都能找出那个隐藏的字母。她一定是把第一幅图完整地存贮在了大脑中，然后将它叠加到第二幅图上，不然她不可能找出隐藏的字母。也就是说，她能在看完第一幅图后过目不忘——至少十分钟内没有忘。史特罗麦尔又将间隔延长至 24 小时。24 小时比 10 分钟要久很多，但伊丽莎白仍然完成了任务。

史特罗麦尔在论证时说道："很显然我们需要进一步的研究。"可那时伊丽莎白已经成了他的妻子，然后就没有下文了！现在人们对他的研究结果越来越怀疑，因为从那以后伊丽莎白就没了消息；并且五十年过去了，再也没有出现过能像伊丽莎白那样过目不忘的人。

还有一些天赋异禀的人的例子也非常有趣。他们虽然做不到过目不忘，但记忆力也绝对异于常人。

有的人有"遗觉表象"的本领，这种能力有时也被称作"遗觉记忆"，多见于儿童，大约 10% 的儿童有这种能力。这些孩子在看到一张照片之后，会把它扫描存储到大脑中，可以通过调取图像信息来回答与之相关的问题。遗觉记忆令人向往，但它与我们所理解的过目不忘并不一样。遗觉记忆过程中不仅会出现差错，而且只能保留几分钟的时间，哪怕眨一下眼都可能会永久地破坏大脑中的图像。

遗觉记忆与普通记忆大相径庭。我们平时记东西，可能只

会留下大体印象。比如我们脑海中有自己熟悉的房间——卧室的画面；但是如果让你描述卧室，你很可能会想不起细节。普通记忆固然有不足之处，但它胜在持久——不会像心象记忆那样完全消失。

令人不解的是，那些有心象记忆能力的孩子长成大人后，通常就失去了这种超能力。这或许和人类解码图像的方式以及记忆的方式有关。如果让孩子一边扫描图像，一边说出图像的特点，那么他们就很难形成心象记忆；本来只是一个单纯的视觉处理的过程，语言的介入则会干扰这一过程。或许成人受到的干扰更大，因此大脑无法记录下图像。

还有少数人某些方面的心智能力很突出，但同时某些方面又很薄弱。这些人被称为“独通一行的人”。他们多数记忆力出类拔萃。吉姆·匹克(Kim Peek)(电影《雨人》中雷蒙德·巴比特这一角色正是以他为原型)就是这样的人。吉姆生下来时大脑就有几处明显异常，但他的记忆力令人叹为观止。他一个小时就能读完一本书，左眼浏览左面那页，右眼浏览右面那页。读过的内容他能记住许多，据估计他大概能背下来 12000 本书。要是你告诉他你的生日，他立刻就能说出那天是星期几。他对数百首古典音乐的来龙去脉了如指掌，包括这支曲子是什么时候，在哪里创作的，以及首演时间。吉姆广博的知识与多种异于常人的能力让他不仅仅是个“独通一行的人”，因为“独通一行的人”一般只有一项长处，比如知道日期就能立刻算出那天是周几。

速记能力指的是有些人具有非凡的记忆和回忆能力。他们只需看一遍牌，就能记住牌的顺序；或者在五分钟内能记住 550 位的超长数字。但这并不是因为他们天生有个好记性，而应该归功于

据说有一个叫作沙斯·伯拉克（Shas Pollak）的团体，他们所记下来的东西真算得上是人类记忆所能实现的最奇特的成就之一。他们是犹太人，也是记忆方面的专家，对5000多页厚的犹太法典《塔木德》了如指掌，知道每一个词在书中的具体位置。如果你把一颗图钉按到书中，比如说按到第245页，他们就能告诉你图钉头指的是哪一个单词。听起来挺有意思，遗憾的是，这都是道听途说，不足为信。

先进的记忆方法与后天的训练。他们开发出系统化的方法，将纸牌或数字分成小组，然后将小组整合成大组，直到把所有的数字都按规律存储到记忆中，能随时轻松调取。再次强调一下，这不是过目不忘。

人们对过目不忘的能力仍然很痴迷。想想看，有了这种神奇的记忆能力，我们就能把看到的图像捕捉下来，存贮在大脑中，反复进行探究。这简直太美妙了。如果你也有这种痴心妄想的话，我劝你还是小心点为妙。有些记忆力超群的人反而会抱怨：把看到的所有数字，经历过的所有事情，都统统塞到脑子里，想不记都难，这是好还是坏呢？真是折磨人啊！

6.为什么意大利面不能一下子掰成两截？

你恐怕从来没想过这个问题，或者你以为自己能很利索地把意大利面掰成两截。你可以试一下看看，拿一根没煮过的意大利面，两手分别握住两头（注意一定是握住两头，而不是中间部分），慢慢用力，直到意面断开。你会发现它至少碎成了三段。

无论实验多少次，结果都是一样。可这是为什么呢？

这个问题也曾让人类历史上最伟大的科学家之一，诺贝尔奖获得者，美国物理学家理查德·费曼（Richard Feynman）感到困扰——他至少琢磨了几个小时。有天晚上他掰断了很多根意大利面，研究了好一会儿，想弄清楚为什么铅笔能掰成两段，而意大利面就会碎成三段或者更多。虽然费曼是个伟大的科学家，但那天晚上他并没有想出答案。

费曼于1988年去世，在他活着的最后几年时间里，科学家们揭开了其中的奥秘。整个过程中，意大利面越来越弯，承受的压力也越来越大，直到断开。在断开的那一瞬间，所有压力一下

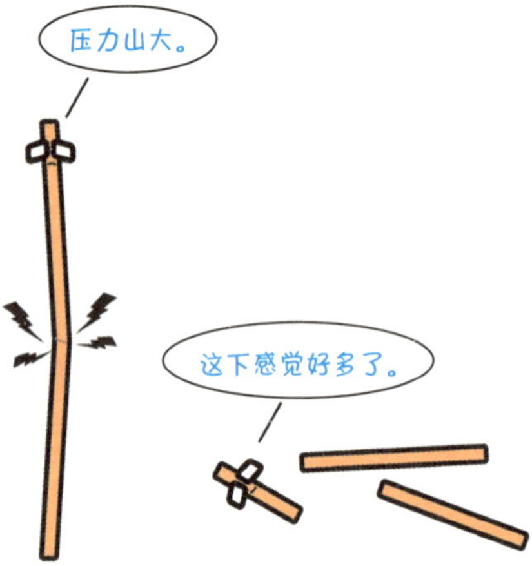

子被释放出来，意面的两端迅速回弹，速度如此之快以至于能量波沿着意面传递。意面在这股强大能量的作用下严重变形，于是再次断裂（也可能多次断裂），碎成了好几段。无论是缓慢断开，还是迅速断开，最后都会碎成好几段。

如果两手握住的是中间部分，意面就能一下段成两截，因为能量转移到了手掌。那从两头掰意面的话，怎样才能也让它断成两截呢？我倒是有个办法，不过我们得借助一样特殊的实验设备。

麻省理工两位年轻的科学家罗恩·海瑟（Ron Heisser）与维沙尔·帕蒂尔(Vishal Patil)发明了一台机器，这台机器在把意面掰断之前，会先把它弄弯。他们发现，把意面先扭曲到一定的程度——大约270度，或者转四分之三个圈——再掰断，它就能一下子断成两截。原因是什么？扭曲与弯曲都会对意面施加压力，但压力释放的方式并不相同。我们掰扭曲的意面时同样会给它施加压力，但最后断开时，那些原本会造成二次或多次断裂的能量却被用于将弯曲的意面捋直。如此一来，剩余的能量就不足以让意面再次发生断裂。两位科学家还发现，与正常的意面相比，扭曲的意面在断开时需要弯曲的幅度也更小。

除了意面，其他东西也会断成好几截。2012 年在英国举办的伦敦奥运会就见证了奥运历史上最离奇的一刻——来自古巴的撑杆跳选手拉齐奥·博尔赫斯（Lázaro Borges）正加速往横杆冲去。只见他将撑杆插稳后，身体腾空而起，同时撑杆在他的压迫下也越来越弯；接着——“砰”的一声，撑杆断成了三截。博尔赫斯相当幸运：他已经获得了足够的前进动力，最后成功地落入沙坑中，撑杆碎片并没有伤他分毫。

到目前为止，我们讨论的都是一根意面。那么如果我们同时掰断多根意面会怎样？你或许以为每根意面所受到的压力会被它相邻的、紧挨着的意面所分散或吸收，能自由传递的能量变少了，因此意面只会断成两截。（并且，许多意面被挤压在一起，没有回弹的空间，因此能有效减少中间意面的断裂次数。）我在自己的实验室，其实就是我家的厨房实验了一番——我总共掰断了 67 根意面，结果碎成了 227 截。也就是说，哪怕你拿的是一大把意面，最后的结果也还是一样。

我的厨房实验还证明，无论是什么形状的条形意面——宽的、扁的、一般粗细的、细的、极细的、中间空心的——掰断时都会碎成三四段。

解释了半天肚子有点饿，请给我来份意大利面吧！

7. 为什么回程的路会让人感觉更短？

如果你曾经去过不熟悉的地方，并且当天来回的话，你应该体验过所谓的“返程效应”——当去到一个不熟悉的地方，虽然来回的距离相同，但返程感觉比去程耗时更短。无论你采用的是哪种交通方式：汽车、自行车还是步行，都会产生返程效应；旅程的长短也不是很重要，虽然二十分钟或更久的旅程的返程效应会更明显。返程效应是人类的时间感会发生扭曲的最好例证，也是最显著的例证。

为什么会产生返程效应？原因有几个。如果要求你必须在特定的时间到达目的地会怎样呢？你会感觉过去的每一分钟都非常漫长。但回去就不一样了，你无

须在意时间的流逝，返程时你很放松，一路平淡无事，很快就能到家。“平淡无事”是个关键因素：我们对于时间长短的判断会受到这段时间内所发生事件的多少的影响。

哪怕我们不着急赶路，沿途从未看到过的景象也会让我们充满新鲜感：路旁的绿树，摇摇欲坠的房屋，或者是前方的急转弯。而回程时的心态尽管和去时没有太大差异，但我们不需要把这些景象统统都再留心观察一遍，因而回程时多半没什么新鲜事。美国杰出的心理学家威廉·詹姆斯（William James）[①]曾经指出，想要觉察到当下，我们需要专注；而想要觉察到过去，则需要记忆。两者相去甚远。

有科学家做过实验，以搞清楚返程效应究竟是如何产生的。日本的科学家请来一位摄影师，请他拍下自己走路的一组录像。首先录下的是他在城市的街道上走了 1.7 公里，接着录下了他沿原路返回的过程。返程所用的时间与去程完全相同。第三段录像是他从不同的路线返回，但

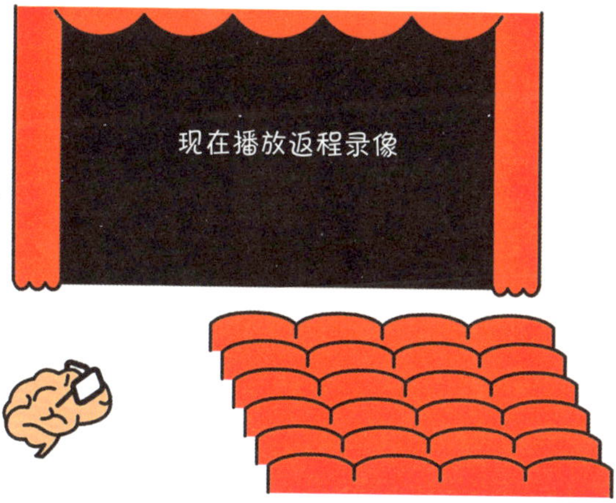

① 威廉·詹姆斯（1842—1910）：美国著名心理学家和哲学家，美国机能主义心理学和实用主义哲学的先驱，美国心理学会的创始人之一。

是走的距离和时间跟前两个完全相同。

然后研究人员请志愿者观看录像，回答两个问题。首先，他们在看录像时要估计一下，播放到哪里时过去了三分钟；然后继续观看，再估算下一个三分钟，以此类推。另外，观看去程和返程的录像时，他们还要估计一下哪一程用时更久。记住，有的人观看的是沿原路返回的录像，有的人观看的则是从不同路线返回的录像。

如果威廉·詹姆斯还活着的话，他一定不会感到惊讶：两组实验对象对于三分钟时长的判断基本相同，但那些观看沿原路返回录像的人觉得返程的时间更短，而观看从不同路线返回录像的人则并不这样认为。换言之，大家对于时间流逝速度的判断大抵相同，但对于旅程耗时长短的判断则有所差异。与原路返回的录像不同，从不同路线返回的录像给观看者展现了新奇的事物，这意味着对于路线是否熟悉会欺骗我们的大脑。这也能够解释为什么我们日常通勤时并不会出现返程效应——大脑会忽视太过熟悉的路线，转而去思考别的事情。

这些道理好像都能说得通，但另一项研究却得出了截然不同的结论。

荷兰的科学家们做了一项研究，以证实人类的期望而非记忆，才是返程效应的关键因素。该项研究总共做了三个实验。在第一个实验中，研究人员询问那些去了家政市场的人，是去程久还是返程久。多数人都觉得返程短一些，但是这似乎和熟悉不熟悉路上的事物并没有多大关联。他们所熟悉事物的多少并不会对返程时间估算产生影响。不过——关

键在于——多数人觉得去程的时间比自己预想的要久。

这一研究似乎说明，如果去程比你预想的要久的话，那么你也会将预期的返程时间延长。如果把预期时间延长得过多，那么你自然会觉得实际返程时间要短。

第二个实验的实验对象是 93 名大学新生，他们先骑车到树林里的营地，然后返回。（最后只统计了 85 名实验对象的结果，因为有 8 个人回来时迷路了！）跟日本的那个实验一样，实验对象被分成了两组，一组原路返回，一组从不同路线返回。但这次两组之间的结果没有任何差异。如果说对于沿途的事物是否熟悉是影响因素，那么沿原路返回的人应该会觉得返程更短，但事实上他们并不这么认为。不过，他们同样觉得去程比自己预想的要久，因此也调整了对返程的心理预期。

第三个实验进一步确认了心理预期是关键因素。这一次实验对象观看了别人骑车出门的录像，但在观看之前，有一部分人先读了一段话，这段话显然是已经看过录像的人写的，其中说道："哎哟，总算看完了，比我预想的要长。"

凡是读过这段话的实验对象都没有产生返程效应，很明显是因为他们已经有了心理准备，去程的时间会比较长，因而实际所用的时间比他们预期的要短。这样就不用将返程的心理预期时间延长，所以也就不会感觉到返程更快。

从目前的研究来看，对路线沿途事物的熟悉程度以及心理预期都可能产生返程效应，具体取决于不同的情境——或许还有其他的影响因素，只是我们还没有发现。撇开其他的不谈，这些研究至少都证实了人类对于时间的感知是一件非常主观的事情。

历史迷雾

复活节岛上的石像是从哪里来的？

复活节岛是世界上适合人类居住的岛屿中最偏僻的一个，距离南美洲海岸 3700 公里，岛上迄今还保存着最令人叹为观止的古代遗迹。复活节岛上的巨石雕像，又叫摩埃石像，特征非常明显，有着突出的额头，长而倾斜的鼻子，以及往前伸的下巴。（这些巨石雕像实际上也有躯干部分，但多数被土壤所掩埋。）巨石雕像总共有九百多个，不过有很多没有完工。每座雕像高达 10 米，重约 82 吨。这些面无表情的雕像成群矗立在海岛上，望向远方。有些没有完工的雕像显然是人为中断的，它们的个头也更大些。

考古证据表明，在公元1000年前，擅长远洋航行的波利尼西亚人就已经到达了复活节岛，但是具体的到达时间学术界并未达成一致。多数考古学家推测，这些雕像很可能是在波利尼西亚人在此定居之后，大约在公元1200—1500年间所建。

如同英国的古遗迹巨石阵一样，复活节岛上的巨石雕像也有一个显著的特点：这些用来雕刻石像的巨石本来并不在我们今天看到的位置，人们雕刻好后还要搬运。它们是从岛上不同的地方搬运过来的。考虑到它们的重量以及所搬运的距离——将近10公里——在没有轮子的情况下，这对岛上居民来说是个巨大的挑战。

滚石

科学家们提出了两个理论以解释搬运的过程：人们先将巨石雕像在地面上放平，将其滚到一排圆木上，然后慢慢撬动；或者把巨石雕像立起来，通过牵引让石像移动到相应的位置。这个让巨石雕像直立移动的方法听起来有些不可思议，它是由考古学家泰瑞·亨特（Terry Hunt）和卡尔·利波（Carl Lipo）提出的，他们也确实通过这个方法让一座5吨重的复制版雕像移动到了相应的位置。

亨特和利波的演示令人惊叹——也有点奇怪，很多考古学家质疑其在现实中实现的可能性。以《崩塌：社会是如何成败兴亡的》一书而声名鹊起的考古学家兼作家杰瑞德·戴梦德（Jared Diamond）认为，一座巨石雕像的高度是底部直径的五到十倍，所以让巨石雕像直立移动是“不合情理的做法，会把事情搞得一团糟”。

可复活节岛上的居民为什么要雕刻这些石像呢？哈佛大学医学院已故精神病学家安妮丽莎·彼拉多（Anneliese Pontius）注意到了这些雕像的显著特征——注重对鼻子、额头以及下巴线条的刻画，而这些部位都是容易受麻风病影响的部位。鉴于麻风病近来在复活节岛上较为多发，彼拉多指出，人们对于麻风病的恐惧或许是几百年前当地居民雕刻这些石像的动因，通过突出麻风病对面部五官的损害，来达到避邪的效果。

她的观点并没有得到太多支持。考古学家和人类学家更倾向于把当时的复活节岛看作一个拜金、讲排场、爱攀比的社会，这种风气驱使人们去建造更多更大的雕像——跟古埃及人建造的金字塔越来越多、越来越壮观是一个道理。时至今日，我们对于这些雕像的意义仍然知之甚少：为什么多数雕像是面朝大海？是为了尊崇祖先吗？

鸟人洞穴据说也是食人族的居住地，但究竟有没有人在那里

知乎?

多数人只知道摩埃石像，却忽略了岛上引人入胜的鸟人洞穴。在这个洞穴里游客不仅能看到美得令人窒息的大海，洞穴的岩壁也在向大家诉说着复活节岛的历史。岩壁上红色、白色和黑色的壁画所呈现的是坦加塔·玛奴（Tangata Manu），也就是“鸟人”——所有能游到附近的岛屿，捡回筑巢的乌燕鸥在那个季节所产下的第一枚蛋的人，都被尊称为“鸟人”。

吃过同类仍然是个谜，因为坦加塔·玛奴有两个意思：一是“人吃人的地方”，二是“能把人吞下去的山洞”。

复活节岛上雄伟又奇特的巨石雕像让当时岛上居民的身份成了一个谜。但神秘之处不止于此：尽管现在岛上人口众多，但历史上复活节岛的文明曾经中断过。这究竟是外来入侵者造成的，还是自我毁灭？

一般人认为，在公元1500年左右，雕像的制造戛然而止；也就是说从这个时候，岛上的人口开始骤减。两百年之后，当第一批欧洲探险家到达复活节岛时，居民只剩下几千人。曾经郁郁葱葱被植被覆盖的岛屿，变成了一片荒地——这是对环境巨大破坏所造成的结果。对复活节岛土壤中棕榈树树根痕迹的分析结果显示，那里曾经生长了1600万棵棕榈树，树干的直径可达1.5米。

从复活节岛的历史记载来看，人口断崖式的下跌主要是由植被的过度开采引起的。（人们常说，那个砍倒复活节岛上最后一棵树的人，一定知道自己在做什么。）没有了树木，就没法造渔船，没法生火，也没有了撬动雕像的杠杆——如果确实是用圆木运送雕像的——社会的动荡和冲突便由此而生。

岛上被砍伐和焚烧的树木留下的木桩和焦炭，人类遭受暴力死亡后留下的尸骨，甚至鼠海豚踪迹的消失，都是有力的证据。岛上居民日常食物的来源曾经有三分之一是鼠海豚，但在 18 世纪早期，探险者来到复活节岛时，居然找不到一艘捕猎鼠海豚所必需的、经久耐用的独木舟。

另外一种说法则大相径庭：欧洲的入侵者到达复活节岛之后，大肆屠杀，掳掠奴隶，使得当地社会分崩离析。毕竟欧洲人在别处也干过同样的勾当——在 16 世纪，他们也摧毁过中美洲和南美洲的部落。但支持这一观点的人必须找出证据，证实有其他原因造成了植被的消失——而不是岛上的居民自取灭亡。

比如亨特和利波，提出雕像可以直立移动的两位学者，他们就认为很可能是波利尼西亚的水手无意间将老鼠带上了复活节岛；老鼠吃光了棕榈树的种子，因而树木无法再生长。山洞中所发现的被老鼠啃过的种子似乎可以证实这点。可是其他很多南太平洋岛屿上既有老鼠，也有棕榈树，它们却能和谐共存，相安无事。另外，除了棕榈树，还有其他二十几种树木也消失了，而这些树木在其他有老鼠的地方也活得很好。

这两种不同的推测——当地社会分崩离析是岛上居民自己造成的结果还是外来入侵者的过错——一直延续到了21世纪。根据杰拉德·戴梦德的观点——支持他的人可不少——复活节岛是人类破坏环境自食恶果的典型案例，正如全球气候变化也是人类引起的一样。与戴梦德观点相对的复活节岛问题专家小戴尔·辛普森（Dale Simpson Jr.）则认为，植被确实遭到了岛上居民的砍伐，但他们并没有一次性全部砍光，而是在几十年中一片一片砍伐的，并且老鼠确实起到了负面作用。从目前情况来看，欧洲人才是罪魁祸首，他们不仅带去了疾病和以啃食植被为生的绵羊，还掳掠当地居民作为奴隶贩卖。无论如何，只有更好地了解岛上居民的历史，我们才能解开巨石雕像的谜团。

第四章

奇思妙想

1. 卷纸应该怎么放在卷纸器中?

你大可不必担心自己平时放卷纸的方向不对：这并没什么对错可言。不过大家对这个话题好像很感兴趣：卷纸可抽拉的那一头究竟应该是挡在轴的外面，朝向自己；还是挡在里面，朝向壁板呢？安·兰德斯（Ann Landers）是一名报纸专栏作家，专门负责回答读者的疑问。在她 31 年的职业生涯中，关于这件事，她总共收到了大约 15000 封读者来信，堪称最受大家关注的问题。

厨卫公司美标和著名的厕纸生产商 Cottonelle 都做过权威性的研究，结果表明，大约 60% 到 70% 人更习惯厕纸可抽拉的那一头朝向自己。

很难解释为什么大家的习惯会有如此的差异。另一项问卷调查则更有趣，研究人员发现，二十几岁的人喜欢厕纸朝向壁板的相对较少；但在年龄较长的人群中，超过 50% 的人有这种偏好；而年龄再大一些，这个比例又会减少。相同年龄层次男性和女性的偏好基本相同。

最近，人际关系专家兼作家吉尔达·卡尔（Gilda Carle）博士（曾为 Cottonelle 提供咨询服务）也开展了一项问卷调查，试图寻找人的个性与上述偏好之间的关联。她发现，那些习惯厕纸朝向自己的人通常都接近 A 型性格[①]，而那些习惯厕纸朝向壁板的人则比较随和。参与问卷的总共有 2000 人，居然有 20% 的人到了别人家会把厕纸的方向反过来——当然，多数情况下是把朝向壁板的厕纸改为朝向自己。与女性相比，男性更容易因为厕纸用起来不顺手而感到恼火。

假如这项研究如实地反映了公众的偏好，那么为什么多数人喜欢厕纸朝向自己呢？是出于物理层面的考虑，还是这样做更卫生？抑或是让人捉摸不透的心理作用，又或是多种原因？

多数人喜欢厕纸朝向自己，

2010 年英国的一项问卷调查显示，卷纸成功跻身人类历史上最伟大的 22 项发明，比面包切片机的排名可靠前多了。

物理层面的原因可以从以下两个方面考虑：第一，抽拉卷纸时所需的力量；第二，卷纸断开的方式。两种偏好在这两方面会有怎样的差异呢？我们先来看看第二个，卷纸断开的方式。

---

① 人的性格按照不同的分类标准可划分为多种类型。按照人的行为方式即人的言行和情感的表现方式，可分为 A 型性格、B 型性格和 C 型性格。A 型性格的人脾气比较火爆，有闯劲，遇事容易急躁，不善克制，喜欢竞争，对人常存戒心。

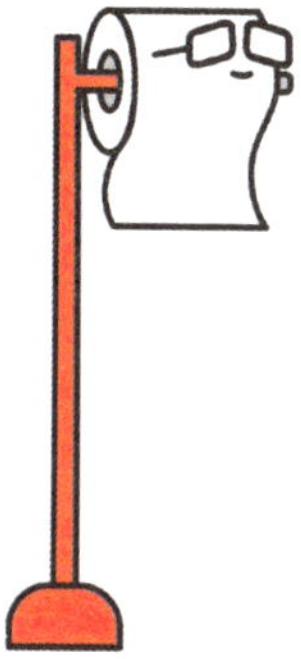

朝向使用者

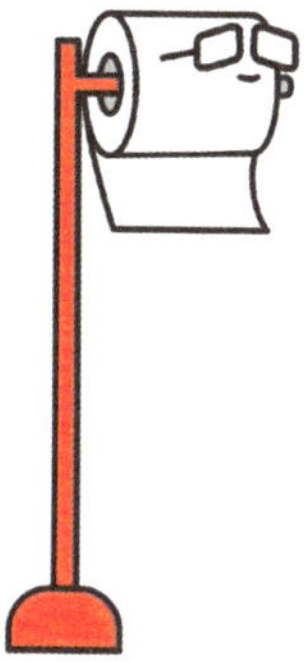

朝向壁板

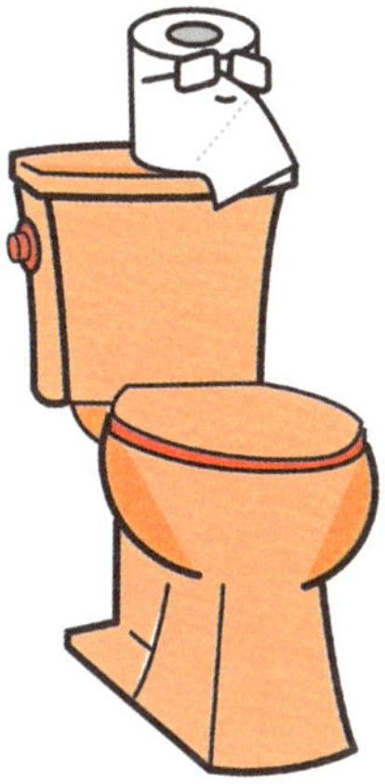

犹豫不决

经验告诉我们，如果抽拉卷纸时往正前方用力，结果就是会拉出一大截卷纸。但如果拉扯时向两边用力（而不是向正前方用力），力量就会集中到卷纸的边缘部分，然后卷纸会从边缘最脆弱的部分——齿孔处断开。可无论卷纸可抽拉的那头是朝向自己，还是朝向壁板，其断开的方式都是一样的。

那我们再来看看两种情况下所使用的力是否相同。如果卷纸朝向壁板，那么你就得把手伸得稍微远一点。但说实话，只要手能够到卷纸，然后斜着往外拉断，所用的力跟朝向自己时并没有多大差别，除非你用的是刚拆封的卷纸。克里夫兰州立大学的物理学家吉尔·沃克（Jearl Walker）指出，如果是刚替换的卷纸，那么卷纸最里面的一层与轴的摩擦力会更大一些，因为新替换的卷纸更重。所以这时候抽拉卷纸，你可能只能扯下——一截纸。也只有在这种情况下，卷纸的方向会让用力有所差异。如果新替换的卷纸是朝向壁板的，那么抽拉动作会产生一股支撑的力量，甚至能将卷纸抬高一点，因此卷纸转动起来更容易，从而降低只能扯下一截纸的概率。但显然这只是个微不足道的优势，对人们的偏好并不会产生多大影响：毫无疑问，喜欢卷纸朝向自己的人很快就会习惯，使用刚替换的卷纸时要多用点力。

我们再来看看卫生问题。你或许会担心，如果从里面抽拉卷纸，脏手会碰到卷纸器的壁板；但如果卷纸朝向自己，则不会有这样的顾虑，至多手会碰到干净的厕纸。但是我们都知道，无论是公共洗手间还是家里的洗手间，都有很多细菌和病毒——比

厕纸生产商 Charmin 发明了一种叫“永不停转”的厕纸。这种卷纸非常之大，把它放到五十层楼那么高的地方往下拉，拉到地面居然都拉不完。不过这也带来了新麻烦：如果买了“永不停转”卷纸——它特别厚——那么我们还得准备专门的卷纸器——这个卷纸器还得特别特别耐用。我们也别忘了其中的科学道理！这样大的卷纸是否会影响到抽拉卷纸的物理作用？有没有可能因此发现什么新的物理规律？我有预感，科学家们又要开始新的研究了。

如马桶坐垫上，水龙头上，门把手上（门把手是最脏的）。所以，从卫生的角度来看，卷纸的方向朝向自己并没有多大优势。（尽管如此，酒店和邮轮洗手间的厕纸都是朝向使用者，因为这样便于折叠，可以告知使用者该房间已经清理过了。）

从物理和卫生两方面都很难找到原因，但我们可以从经验的

角度来解释这两种偏好：卷纸朝向自己，抽拉起来更方便，扯断时也更容易看到齿孔；卷纸朝向壁板则更整洁，孩子或者猫玩弄卷纸时，把卷纸全部扯出来的概率也会更小。

社会学家埃德加·艾伦·伯恩斯（Edgar Alan Burns）在课堂上经常会让学生思考卷纸方向偏好的问题，并鼓励他们讨论。于是五花八门的解释更多了：卫生间的通风状况，卷纸与马桶的距离，甚至卷纸的质量好坏都会影响人们的偏好。怎么听着有点像强词夺理呢！

最后，为什么人们对这个话题如此乐此不疲呢？或许只是心理因素在作祟。卫生间是最为私密的地方——我们能躲开别人的僻静处没几个，卫生间算是一个。有人认为，只有在卫生间我们才能完全掌控周围的环境，所以就连卷纸朝向这样的细枝末节我们也会分外在意。

如果你还拿不定主意，那我不妨告诉你：卷纸（带齿孔）的发明者塞斯·维勒（Seth Wheeler）于1891年申报了专利，专利图中的卷纸方向是朝向使用者的。发明者既然是这么设计的，那么你……

2. 有多少个宇宙？

如果宇宙的概念不是如此艰深晦涩，或许我们现在绞尽脑汁想要理解的概念就是“多重宇宙”了。人类所知道的宇宙本身已经如此令人叹为观止，如此深奥难懂，居然还有其他宇宙存在？这更加让人一头雾水。如果你所理解的“宇宙”包括万物，你一定也会感到困惑。不过我们还是先退一步来看看吧。

距离问题是把握宇宙概念的一个难点。人类乘坐宇宙飞船到达月球需要几天的时间，到火星则需要几个月，而火星距离地球约 2.25 亿公里。除去太阳，距离地球最近的恒星远在 40 万亿公

里之外，我们需要飞行四年多的时间才能到达，前提是速度还得达到光速——很显然，人类目前还做不到。这段距离非常之遥远，我们将其简化为 4.2 光年。一光年大约等同 94600 亿公里；在浩瀚的宇宙中，一光年就如同沧海一粟。人类最先进的天文技术目前可以观测到 130 亿到 140 亿光年以外的事物。在人类可观测到的范围内，有着无数的星系、恒星和行星。

我们对于宇宙的了解非常有限，这不仅是因为人类目前的技术水平有限，也是由宇宙的本质属性所决定的。目前我们了解宇宙基本上是借助电磁辐射：包括可见光、红外线、无线电波、超声波以及微波。如果没有电磁辐射，我们对宇宙的了解恐怕只有现在的分毫。可惜的是，人类的技术非常有限，因为光或者电子辐射的传播速度是有上限的。

太阳光到达地球需要 8 分钟的时间，也就是说，我们看到的太阳是 8 分钟之前的太阳。如果太阳 8 分钟之前爆炸了，我们不会马上知道。从非常遥远的星系所发出的光到达地球需要几十亿年的时间，同理，我们所观测到的星系也是几十亿年之前的星系。哈勃天文望远镜能够观测到 130 亿光年以外的星系所发出的光。这非常接近宇宙起源的时间：根据最合理的估算，宇宙大约起源于 137 亿年之前的一次巨大爆炸（也就是“大爆炸”）。

如果将时间往前推移，137 亿年可谓无比久远。无论是过去还是现在，人类对于宇宙的认识固然让人振奋，但在我们的面前却有着两个巨大的拦路虎。一是我们无法回“看”宇宙的起源，因为在大爆炸之后的大约 30 万年间，宇宙的密度非常大，温度也非常高，以至于光都无法逃逸。也就是说，我们无法从视觉上穿透不可洞视的迷雾——或许有其他技术能帮助我们了解宇宙的起源，但绝对不是通过光。

另外一个困难是，宇宙中有相当一部分是人类可能永远无法企及的，不管我们能发明出什么样的技术。对于宇宙大爆炸的数学建模表明，在宇宙诞生的一刹那，一切都以不可思议的速度膨

胀开来。如果的确如此，那么人类所能观测到的一切，包括距地球 130 亿光年远的事物，都只不过是浩瀚宇宙中微不足道的一部分。地球就好像是超级大都市边上的一户人家而已。整个宇宙或许比人类所能观测到的要大上 1000 亿亿倍。1000 亿亿倍啊！大部分的宇宙是如此的遥远，以至于从大爆炸到现在，光还没来得及到达地球；再加上宇宙在不停地膨胀——换言之，我们可能永远也观测不到那些遥远的部分。

科学家们做了很多推测。那些遥远的部分与我们所生活的世界或许一样，也可能不同。那里的环境，那里的物理法，则可能与地球上的大相径庭，甚至有独特的宇宙存在。或许那里也有大爆炸，很多大爆炸。大爆炸甚至可能正在创造出新的宇宙。

数学建模的另一结论是气泡宇宙。宇宙就像泡泡一样，从不同的地方冒出来，有时候也会消失。这些泡泡可能很稀少，在

空间零散地分布开；也可能有很多，密集的泡泡汇聚成了泡沫。还有全息宇宙，甚至镜像宇宙，就像《星际迷航》[①]中所描述的一样——只不过在这个镜像宇宙中，不仅时间逆转了，所有的一切都逆转了。大爆炸时，能量转变成了物质；在镜像宇宙中能量却转变成了反物质。

多重宇宙论不仅有单纯数学推理的支持，也有其他理由的支持。宇宙中的一切似乎都被精准地调校过，生命恰好得以产生，这很令人费解。以大爆炸为例，大爆炸时宇宙膨胀的速度如此之快，快到无法计算；如果膨胀的速度慢一点，哪怕只慢上十亿分之一，就无法产生足够的推进力，那么我们的宇宙就会向内坍塌。而向内坍塌的宇宙就不会孕育出

① 《星际迷航》：美国派拉蒙影视公司制作的科幻影视系列，由 7 部电视剧、1 部动画片、13 部电影组成，是全世界最著名的科幻影视系列之一。剧中描述了一个光明的未来世界，人类同众多外星种族一道战胜疾病、种族差异、贫穷、偏执与战争，建立起一个星际联邦。随后一代又一代的舰长们又把目光投向更遥远的宇宙，探索银河系，寻找新的世界，发现新的文明，勇敢地涉足前人未至之地。

像人类一样，会好奇，会思索宇宙本质的生命。可你看，人类不仅在此繁衍生息，人类还能推测出宇宙不止一个，或许有无数个宇宙，我们所生存的环境只是其中之一，生命在此诞生——难道只有人类如此侥幸？

以上所有观点都只是推测，但正是因为有了这些推测，人类对于宇宙的认识才能不断推进，而且这很有意思。再看看下面的观点：宇宙学家布莱恩·格林（Brian Greene）认为，广袤的“超级宇宙”是存在的，地球只是“超级宇宙”微不足道的一部分。宇宙是如此之大，要想不断地重新排列物质以创造出某种独特的环境是极为困难的。宇宙中应该有个地方与你现在所处的空间几乎完全一样；也有个跟你几乎一模一样的人，正坐在那里读着一本几乎相同的书。

3. 看东西时眼睛会射出光束吗？

这个问题听起来很荒谬，但如果我告诉你，真有人认为我们在注视时——比如盯着某个人看——眼睛会射出光束，击中对方，然后再弹回来。对此你一定会感到惊讶。

这种想法叫“视觉发射”，它的历史由来已久。古希腊人都听说过这个理论，只不过并非所有人都相信这个说法。著名的数学家欧几里得曾经质疑过这一理论，他是这么驳斥的：如果说要想看见东西，眼睛必须射出光束，光束射中目标后再返回来的话，那么为什么我们晚上突然睁开眼仍然能看到星星呢？光束根本来不及到达星星再返回来嘛。

现在有很多实验能够说明光究竟是怎么工作的：周围的光子先射入瞳孔，然后激发神经信号，接着信号从眼球后面的视神经传导到大脑后部的视觉皮层，然后我们就能“看见东西”了。（过去怀疑这一理论的人会问，一座大山的图像如何才能缩小到眼睛的大小。）

但研究表明，仍然有人相信“视觉发射论”。在某项研究中，科学家给实验对象看了各种各样的说明视觉功能的图示——光线射入眼睛；光线在射入眼睛的同

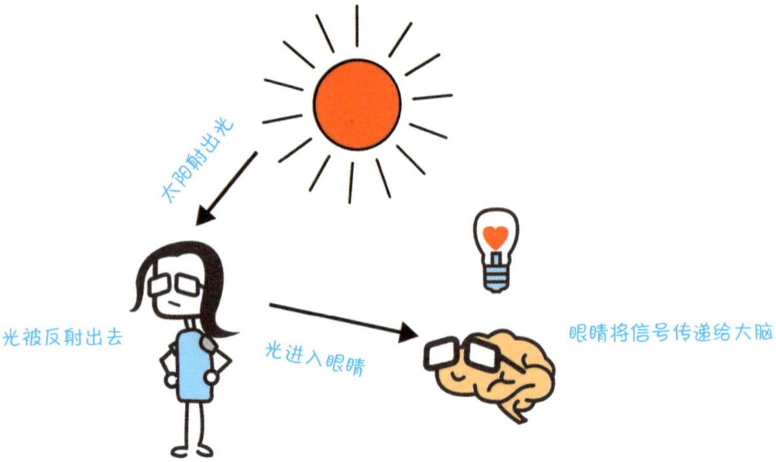

一见钟情

时，眼睛也射出光束；光线到达目标再返回——然后问他们哪一个才是正确的工作机制。结果表明，认同“视觉发射论”的人占总实验对象的比例从40%到60%不等，具体的比例取决于研究人员所呈现的图示的种类。也就是说，大概有一半的实验对象认为眼睛射出了光束，所以我们才能看到东西。

知乎？

“眼睛能射出光束”——人们所相信的物理学的奇谈怪论不止这一个。还记得动画片里的歪心狼追逐哔哔鸟[1]么？歪心狼从悬崖上直冲出去，两条腿还在半空中跑个不停。它低头一看吓了个半死，最后还是掉了下去。问卷调查表明，至少有40%的受访者认为靠惯性在半空中奔跑是符合物理法则的。

① 歪心狼和哔哔鸟：华纳兄弟公司拍摄的卡通系列《乐一通》中的一对角色搭档。故事情节为总是在沙漠荒野快乐奔跑的哔哔鸟，与想将它抓住吃掉的歪心狼，不断上演着你追我跑的追逐戏码。歪心狼每次构思各种计划、使用各种道具都无法成功抓到哔哔鸟，反而总是因为各种荒谬无厘头的突发状况而遭殃。

人们认为“视觉发射论”正确的另一原因就是孩子们对“视觉发射论”深信不疑。很多三年级的孩子都认为眼睛能射出光束，不过随着学到的知识越来越多，他们慢慢就会抛弃这一说法。但并不是所有人都会这样：相信看东西时眼睛能射出射线、光束、光波之类的东西的大学生不乏其人。

科学八卦！

就算我们潜意识中认为“视觉发射论”是正确的，只需一点科学知识应该就能纠正我们的看法，是不是？并不一定。科学家鲁伯特·谢尔德瑞克(Rupert Sheldrake)的工作就是对科学界普遍接受的理论提出质疑，然后用自己的理论对其进行修改。谢尔德瑞克支持现代版的“视觉发射论”，这与传统的版本有所区别：“人类的知觉场能够延伸到大脑外，将‘看’这个动作的执行者与动作的接受者联系起来。”

用“知觉场”替代“射出的光束”，这么一改，听起来就科学多了，因为“场”的确存在，电磁场和引力场就是很好的例子。但并没有确切的证据能说明大脑确实能散发出知觉场，并且知觉场参与了看的过程。

有些人会觉得难以置信，都21世纪了这种理论居然还有市场。不过最近的研究表明，或许

我们潜意识中都以为眼睛能射出光束。

普林斯顿大学的科学家请实验对象看着电脑屏幕上的圆筒，并请大家判断，这个圆筒还要过多久才会倒下来。屏幕上还有个人脸，有时候这个人注视着圆筒，有时候望向别处，有时候面对着圆筒但眼睛是闭着的。圆筒的形状和大小也各异：高的、矮的、粗的、细的都有。细节虽然并不相同，但目的都是为了验证那个人是否注视着圆筒会不会影响实验对象对于圆筒倒下时间的判断。如果被试相信人眼能射出光束，哪怕是潜意识中相信，那么如果圆筒倒向那张脸的话，他们会认为圆筒倒得更慢，因为眼睛射出的光束起到了一定的阻挡作用。如果圆筒倒向相反的方向，他们则会认为圆筒倒得更快，因为眼睛发出的光束起到了推动作用，就好像一阵风朝着圆筒吹了过去。

虽然被试不会有意识地想到眼睛射出的光束可以施加压力，但研究恰恰证实了这点。研究人员计算出，被试所想象的光束的力量相当于“一股微弱的气流”（如果你非要纠结于数字，那

么应该是 0.01 牛顿）。有趣的是，所有的被试都没意识到自己在做判断时把光束的力量考虑了进去。并且只有 5% 的人明确表示自己相信“视觉发射论”，大部分被试对该理论并没有明显的倾向。

为什么人们会轻易相信“视觉发射论”呢？现在你明白了：我们好像潜意识中一直就是这么想的。这种错误的看法在有些人心中是如此根深蒂固——以至于他们在日常生活中会无意识地考虑到这个因素，并对自己的行为进行相应的调整。这还挺奇特吧。

4. 骑士们上马时需要升降机吗？

1944 年拍摄的电影《亨利五世》中有个一闪而过的场景，由劳伦斯·奥利弗（Laurence Olivier）扮演的亨利五世正准备骑上马带领将士们浴血奋战。但因为他穿着重重的铠甲，所以必须借助升降机上马！看到这一幕，观众的心情非常复杂，他们既对这匹马报以深深的同情，同时也感到纳闷，既然铠甲那么重，那么国王摔下马来岂不是很可能会送命？

但实际上骑士上马时是没有升降机的，奥利弗作为本片的导演和主演，不顾铠甲专家的建议，要求电影中必须加上这一幕。这一幕倒是让人十分好奇，铠甲到底有多重：会笨重到使战场上英勇杀敌的骑士陷入险境吗？

2012 年，英国利兹大学的格雷厄姆·阿斯克（Graham Askew）对中世纪的铠甲进行了研究。他招募了一批志愿者，他们都有过穿着仿制的铠甲参加公开演出的经历。他让这些志愿者

穿着铠甲在跑步机上跑步，然后测试他们的耗氧量。铠甲总共有三种：日耳曼式的，意大利式的，还有英式的。这些铠甲都是仿照 15 世纪末的样式制作的，平均重量都接近 35 公斤。

不出所料，阿斯克发现，穿着铠甲会让呼吸和移动更加困难。穿着铠甲走动或跑步时所消耗的能量是平时的两倍。换言之，如果身着铠甲还想跟平时移动的速度一样快，骑士势必会消耗两倍的能量。另外，沉重的铠甲跟同等重量的背包可不一样，因为穿铠甲时腿上也是全副武装，所以摆动腿也更加困难。

阿斯克不仅仅给出了数据，他还推测，铠甲的轻重或许就是 1415 年著名的阿金库尔战役胜负的决定性因素。交战双方是英国和法国，法国的骑士为了抵挡英国的长弓手，不得不身披沉重的铠甲，在浸透了雨水的泥泞的战场上前进。根据史料记载，法国人还没冲到英国的防线就已经筋疲力尽，他们为沉重的铠甲付出了同样沉重的代价：法国在阿金库尔战役中惨败。英军总共部署了 5000 名弓箭手，十分钟之内能射出 12 万支箭；法国士兵

比英国多出了几千人，但死亡的人数却是英国的十倍。阿斯克的研究似乎说明，早在 1415 年，骑士身着铠甲作战就已经弊大于利了。但很快就有铠甲专家反驳了他的观点。

根据专家的说法，阿斯克实验中所用到的铠甲重量惊人。实验总共用了三种铠甲的复制品，它们平均重达 35 公斤，但其中一种复制品的原型是体格高大健硕的乌尔里希九世——沃格特·冯·马什（Vogt of Matsch）生前所使用的铠甲，它的重量超过了 50 公斤！这一数字无疑拉大了实验所用铠甲的平均重量。多数专家认为，在 1400 年左右，铠甲的重量一般在 18 公斤到 30 公斤之间，比实验中铠甲的平均重量要轻得多。而且，阿斯克实验所使用的铠甲复制品的原型是阿金库尔战

20 世纪 60 年代初，美国刚开启登月计划时遇到了很多亟待解决的问题，其中之一就是宇航员的太空服。外太空是真空环境，太空服既要完全密封，又要足够结实；既能承受住压力，还得柔韧有弹性，这样宇航员在太空行走时才能活动自如。

有家公司想拿到太空服的订单，于是他们联系了大英博物馆，因为他们听说馆内有套由金属薄片制成的铠甲，其巧妙的设计或许能为打造出质量过硬又严丝合缝的太空服提供一些思路。大英博物馆中确实有套堪称完美的模板：这套铠甲是专门为亨利八世打造的，适合徒步作战，但不适合骑马厮杀。想象一下，一套由金属薄片制成的铠甲，不但能完美贴合身体，又方便移动，就像覆盖在身上的外骨骼。亨利八世的铠甲居然是太空服的设计模板，这也太酷了吧？遗憾的是，这家公司最后并没有拿到订单。

役五十年后才投入使用的，把不同时期的铠甲拿来做对比并不稳妥。

那么阿斯克的结论是错误的吗？不能将其全盘否定。法国骑士确实身披沉重的铠甲，也确实是在泥泞中步履维艰。如果换作在坚硬结实的地面上作战，他们或许就不会大败而归。军事家认为，法国人在阿金库尔战役中失利还有其他原因。

另外，负重 18 到 30 公斤进行体力劳动，历史上也不是没有先例。18 至 19 世纪从事毛皮买卖的商贩，第一次世界大战中的士兵，甚至现在的消防员都是如此。借助升降机上马已经够离谱了，但几百年前的史料中还有更加荒谬可笑的记载：15 世纪初，有位名叫布西科（Boucicaut）的法国骑士居然是从梯子爬上马，而且上马时又蹦又跳，甚至还能翻筋斗——当然，翻筋斗时他得摘下头盔。

劳伦斯・奥利弗的初衷是如实地还原历史，但骑士们尽管身披沉重的铠甲，却也能自己上马，完全不需要升降机的帮助。

5. 什么是纳米机器人？

未来世界的景象：2060 年。你 45 岁了，按照未来的标准，你还很年轻，那时候活到 150 岁是很平常的事。这并不是说你完全不用考虑现在人所面对的危险，比如传染病、癌症和心脏病——它们仍然是潜在的威胁。但那时候它们无法再夺走人类的生命，因为有机器装置在你的身体内四处巡查，把疾病扼杀在萌芽状态。这就是纳米机器人。

这些“微型机器人”现在还只是人类的构想。它们非常之小。（纳米机器人的构想与 1966 年上映的科幻电影《奇异的旅程》中的纳米潜水艇并不一样，纳米潜水艇是由缩小后的人类操控的，而纳米机器人并非如此。）“纳”等于十亿分之一，一纳米就是十亿分之一米。一张纸的厚度大约为十万纳米。一纳米与一米相比，就相当于拿玻璃弹珠跟地球做对比。

现在有很多利用纳米技术的产品，比如防晒霜，颜料，甚至还有袜子。通过添加特定的原子，就能得到纳米产品。但纳米机器人要复杂得多。纳米机器人是直接由原子组成的机器人，能够完成亚显微水平的任务。纳米机器人有很多用途，在医学领域的应用只是其用途之一，却最受人关注。

你或许想不到纳米机器人有多能干：巡视我们的血液循环系统，去除附着在动脉血管上的斑块，以减少心脏病发作的风险；监控我们肠道内的微生物，消灭有害细菌；阻止大脑中异常蛋白质的形成，从而降低阿尔茨海默病的风险；将药物运送至特定的器官或组织；甚至能做纳米手术。再比如纳米洗牙如何？它能自动运行，找到刷牙或者剔牙时未清理干净的食物残渣，只要几分钟，就能让残渣全部消失。

怎样才能造出纳米机器人呢？人类现在已经能够用新的方式把单个的原子结合起来，甚至还造出了分子机器。第一台人工合成的分子机器是由诺贝尔奖获得者詹姆斯·弗雷泽·司徒塔特（J. Fraser Stoddart）所发明的。顾名思义，它能把分子或者原子从一个地方挪到另外一个地方，而且这还是30年前的发明！虽然人造分子机器远不如未来的医疗纳米机器人先进，但是我们由此得知，此类构想已发展了几十年。

知乎？

你听说过“末日设想”吗？K. 艾瑞克 · 德雷克斯勒（K. Eric Drexler）是纳米技术的先驱之一。1986 年，他做了一番大胆的设想：如果纳米机器人知道如何复制自己，同时又摆脱了操作系统的控制，那将会怎样？几天内它们就能在地球上肆虐，把所有的有机物都变成纳米机器——“灰蛊”。德雷克斯勒后来表示，他的担心完全是多余的；即使人类造出了能自我复制的纳米机器人，我们也不会变成“灰蛊”。

关于纳米机器人，我们也面临着一些难题：人体内的纳米机器人越小，它能去的地方就越多；但是大一点的机器人的构造可能更复杂，用途也更广泛——最好在两者间寻求一种平衡。纳米机器人需要能量的驱动，但能量会转变成热量；如果体内有数千个机器人的话，如何让热量消散也至关重要。而且，血管不是平静的河流：有些血管分外繁忙，纳米机器人要想通过这些血管到达精确的目的地，就如同在湍急的水花中逆流而上。

现在纳米机器人的研发进行到哪一步了？虽然离最终目标还有相当的距离，但已经有了不小的进展。举例来说：瑞士与以色列的科学家已经发明了纳米游泳机器人，由金属丝制成，能自由摆动，每秒钟都可调节自身的长度，哪怕在具有挑战性的环境中，

比如生物的体液中也能正常工作（对于纳米游泳机器人而言，体液就像蜜糖一样黏稠）。纳米机器人的引擎至关重要。目前最小的引擎是由德国科学家发明的，这一引擎可以通过射线给原子升温降温；两者交替进行，让原子像活塞一样前后移动。还有其他种类的微型引擎，与肌肉相比，它们能产生更大的力（按大小比例计算）。最终科学家们会发明出能把药物运送到身体各处的纳米火箭，它们的驱动力就像火箭一样强劲，只不过速度没火箭那么快。

上文所提到的突破和进展或许都有着重大的意义，不过到目前为止，最接近完整机器人构想的发明是由一个跨国科学家团队于 2018 年所研发的。他们的纳米机械用折叠的 DNA 造出了一个含有凝血因子[1]的管子。这个管子可以保护凝血因子——凝血酶，不受免疫系统的攻击。由于凝血酶的作用，患有肿瘤的血管会出现堵塞，最终供血不足的癌细胞就会死亡。

这一纳米机械生动地展示了医用纳米机器人的潜力，尽管我们先要通过动物实验证实其安全性和效果，之后才能将其用于人类疾病的治疗。但无论如何，我们离梦想的实现——通过纳米机器人来保持健康，长命百岁——又近了一步！

① 凝血因子：是参与血液凝固过程的各种蛋白质组分的统称。其生理作用是，在血管出血时被激活，与血小板粘连在一起，堵塞血管上的漏口。这一过程称为凝血。

6. 真有外星人吗？

在外太空存在着比人类技术更先进的外星人文明，还有比这更有趣的想法吗？虽然这个想法也有点恐怖。如果真有外星人，我们如何找到他们呢？

人们通常试图通过这样两种方式来证明外星人的存在：第一，地球上那些神秘又宏伟的遗迹，比如吉萨金字塔①或者纳斯卡线条②是数千年前到访过地球的外星人所留下的。以此为卖点的书非常畅销，但后来经证实，这些书中的言论无一例外都是错误的。第二，通过科学方法来证实外星人的存在：在浩瀚的银河系中寻找智慧文明的蛛丝马迹。有些科学家正在寻找恒星周围的行星，还有人在搜寻外星文明所发射出的无线电波。

寻找外星人的努力到目前为

---

① 吉萨金字塔：位于尼罗河三角洲的吉萨，修建于约公元前 2631 至前 2498 年，由古埃及第四王朝的三位法老胡夫、哈夫拉和孟卡拉建造，是古埃及金字塔最成熟的代表。

② 纳斯卡线条：位于秘鲁南部纳斯卡荒原上的巨型地画，有着宽阔的直线，看起来就像机场跑道一样，描绘的大多是动植物。其存在是一个长达 2000 年的谜局：究竟是谁创造了它们并且为了什么而创造，至今仍无人能解。

止没有任何进展，不过我们才找寻了五十年，而宇宙是如此的广袤。有观点独辟蹊径，认为或许我们找错了方向。有可能外星文明离人类没那么远，甚至就在太阳系中或者地球上？也或许外星文明不是几千年前到访过地球，而是几亿年前就来到了地球，并且在此居住？我们现在能够找到他们留下的线索吗？

最后一个问题比较棘手，就算有线索应该也所剩无几了：它们在漫长的岁月中被粉碎成了灰尘，被深深地埋藏在地壳板块中，被遗忘，被淹没。寻找外星人的愿望是美好的，但是光靠考古发掘是很难发现线索的，搜寻工作要比这复杂得多。

但我们可以从人类自身得到启发。现在地球上居住着 70 亿人。在过去的两百年中，人类的工业活动导致大气层中二氧化碳水平急剧增加；氮元素在空气、土壤与河流中的循环方式也发生了巨大的改变；塑料随处可见，尤其是在大海里以及海洋生物的体内；矿石的开采以及工业生产所产生的金属废料被排放至海洋，与海底的沉积物混合在一起。我们不禁要问：外星人的文明是否也会如此影响地球，留下人类可以发现的痕迹？

这就难办了。一方面，如果年代久远的文明毁于战争，或者由于工业对地球造成了毁灭性的影响而消亡，那么他们总会留下些蛛丝马迹。另一方面，人工合成的材料，比如塑料，终会分解。就算我们找到了数百万年前大气层化学结构改变的依据，那也可能是自然本身的变化而非文明所带来的影响。可以这么说，要想找到令人信服的证据证实外星人在地球上居住过，并非易事。那么我们在太阳系的邻居又如何呢？

月球、火星或者小行星或许是最容易展开搜索的地方，可是人类没到过的星球搜索起来也颇有难度；而且，我们对它们知之甚少。比如，尽管美国航空航天局的月球勘测轨道飞行器能以前所未有的高分辨率探测到月球几乎所有的表面，但一块五米见方的岩石与一颗五米见方的外星人留下的卫星看起来可能并没有多大差异，所以很难判断是否存在外星文明的痕迹。虽然我们对月球了解得更多一些，但太阳系的小行星带上仍然有很多未知的事物。

哪怕人类能够到达这些相对熟悉的区域，也不一定能成功搜寻到外星人的痕迹。只要时间足够久，火星上的流沙与强风就能将所有的证据淹埋；而且月球和小行星总是受到流星的撞击，证据不是被淹埋，就是化成

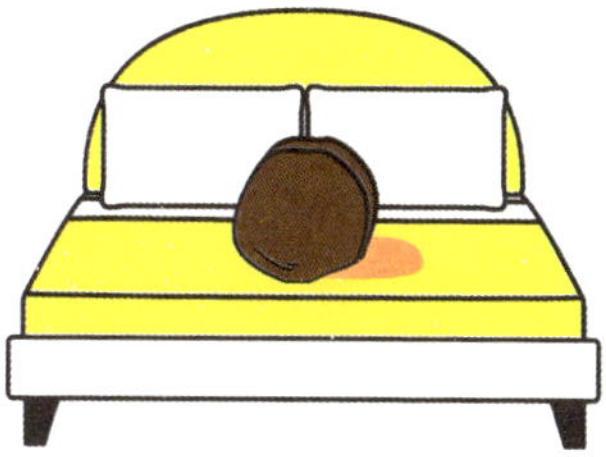

床岩

三叶草形岩石

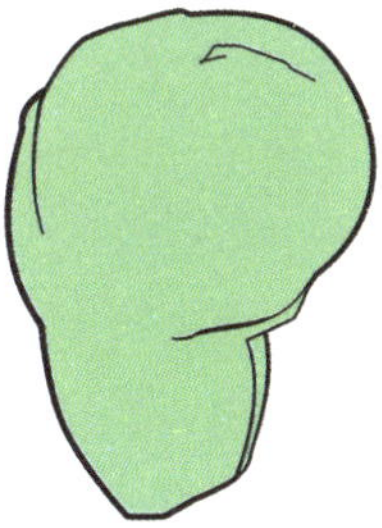

外星岩石

了泡影。

当然，最简单的办法就是看看有没有外星文明到访过地球——我可不是说 UFO！如果非要举例子来说明的话，曾经引起轰动的“奥陌陌”还差不多。

“奥陌陌”在夏威夷语中的意思是“从遥远的过去到来的使者”。这颗名为“奥陌陌”的天体最先是在 2017 年由夏威夷的全景观测望远镜和快速响应系统（STARRS）发现的。它以极快的速度进入了太阳系，经过太阳，然后离开了太阳系。天文学家意识到“奥陌陌”非常特别：它是一个薄饼状的天体，既不是彗星，也不是小行星，其速度和轨道并不受万有引力的作用。它是人类所观察到的第一颗经过太阳系的星际天体。

哈佛大学的天文学家亚伯拉罕·阿维·罗布博士（Dr. Abraham “Avi” Loeb）认为，“奥陌陌”很可能是太阳帆[①]。太阳帆非常薄，厚度不到一毫米（更像太空中的一种可丽饼[②]），

① 太阳帆：是一种利用太阳光的光压进行宇宙航行的航天器。
② 可丽饼：一种比薄烤饼更薄的煎饼。

能够利用太阳辐射的能量，缓慢加速，在太空中飞行。科学家一直在研发太阳帆设备以帮助人类进行太空探索。如果“奥陌陌”是太阳帆的话，它应该是外星文明的产物。

罗布博士进一步推测到：“‘奥陌陌’没有传递出任何信息。它或许是已经废弃，但仍然在太空中飞行的设备，就像耗尽能量的卫星依旧会绕着地球旋转。也或许它就是某种自然存在的天体，只不过与我们了解的天体不同罢了（多数专家都这么认为）。”

遗憾的是，我们恐怕永远无法知道真相了：“奥陌陌”多半不会再回来了。不过人类不会放弃寻找外星文明，无论它是远还是近。

7. 生命最深可存在于多深的地下？

爱丽丝追逐着那只穿着背心的白兔子，跟着它掉进了兔子洞。她一直往下坠落，不知过了多久，爱丽丝终于落到了洞底，来到了一个奇妙的世界。在那里，她遇到了形形色色的人和动物。这是《爱丽丝梦游仙境》的作者刘易斯·卡罗尔（Lewis Carroll）用他丰富的想象力构建的一个梦幻般的世界。在现实生活中，在我们脚底下的土壤中，在广阔的海平面下，有许许多多真实的生命在那里生长。那么生物存在的深度的极限是多少呢？

越往深处的生物，我们越陌生，所以还是从我们熟悉的开始讲起吧。比如说，有一种巨型蚯蚓挖的洞可达 3 米深。地球上住得最深的穴居动物应该是尼罗河鳄鱼：它们能在距地表 12 米深的地方生存，这差不多也是动物们打得最深的洞了。

当然，打洞并不是通往地球深处的唯一方式：海洋最深处大约有 11000 米，马里亚纳海沟的狮子鱼能在海平面下 8400 米的地方存活，是鱼类存活深度纪录的保持者。这种狮子鱼看起来其貌不扬，仅有几厘米长，身体是半透明的，却能够承受极大的压力；这个压力相当于一只大象站在你的大拇指上——大约是大气压力的 1000 倍。

东非的裸鼹鼠挖的洞并不深——大约半米深——但它们挖的洞的面积非常之大，算是弥补了深度的不足。裸鼹鼠的个头比家鼠大，比大鼠小，但它们挖出的地下隧道四通八达，足足有几千平方米！

海平面下 8400 米是一个极限，再往深的地方就没有鱼类的踪迹了，但这一深度大概只有马里亚纳海沟深度的四分之三。为什么再往深处就没有鱼类了呢？巨大的压力会挤破鱼身或许并不是主要原因；关键是，在巨大的压力下，鱼类无法维持体内的水分和盐分平衡，它们的身体不具备这种机制。

鱼类的生存极限大约是海平面下 8400 米，但其他生命则不然。几年前，一艘无人潜水器潜至距离海平面 11000 千米的海沟底部，也就是海洋的最深处，科学家们在那里发现了大量的细菌（甚至比较浅的水域还要密集）和像虾一样的片脚类动物——海底最深处的生命。

要想在在海洋深处自由游弋，就得能承受住巨大的压力，但这总比在土中钻洞要容易些——在岩石中生存那就更难了。不过有些生物却能做到，它们大多生活在南非的深井中，也有些生活在其他地方。

这些生物大多是低级原始的生物，比如线虫。科学家在地下

2–3 公里处发现了一些物种，那里条件恶劣，高温高压，缺乏氧气和食物，多细胞生物通常无法存活。或许是由于水分渗入了岩石，所以才能孕育出生命。科学家在温度高达 48 摄氏度的地下 3600 米处居然发现了一条线虫，或者说至少发现了一些 DNA 片段。科学家们在南非同样深的地方也发现过线虫和其他生物，它们跟马里亚纳海沟的片脚类动物一样，也以细菌为食。

我们必须承认细菌的功劳。它们虽然是极小的单细胞生物，没什么吸引人之处，可无论是在陆地上还是在海洋中，细菌到处都是。比如，美国俄勒冈州西边 500 公里处的海底有座叫轴海山的火山，该火山喷发后，科学家对附近的微生物进行了研究。结果发现，从地壳中喷发出许多种新的细菌，这些细菌随着岩浆被喷至海平面 1500 米以下之远。与动物相比，细菌能生存于更深的地方。我们有充分的理由相信，细菌在我们看不到的地方，在地下和海洋的深处，已经生存了百万年，或者至少数千年。或许在地球历史的某个时期，这些微生物的数量是地表生物数量的十倍。

在过去的三十年中，我们有很多惊人的新发现，有足够的证据证实地壳是个巨型孵化器。有些科学家认为，越往地壳深处，气温越高，压力也更大，所以地底 10000 米是生命的极限。但这或许只是传统的观点；新的观点

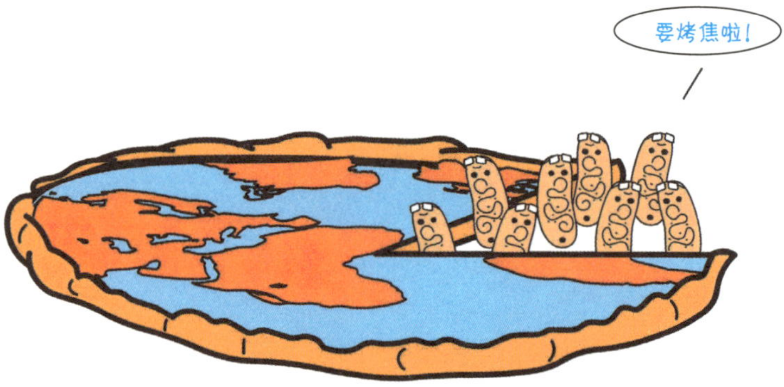

是哪里有水，哪里就有生命。

生命最多可存在于多深的地下？这不禁让人联想到另一个有趣的问题：如果生命可以在地底没有阳光也没有氧气的环境中存活百万年，那么其他星球是不是也有这样的生命呢，尤其是火星？火星现在虽然不适于居住，但它原来的环境跟地球更接近。如果那时候的火星孕育出了生命，那么这些生命现在可能就埋藏在沙砾底下。在火星的地壳上向下钻探几千米进行勘测会发现什么呢？尽管这个想法有些遥不可及，但很多科学家都认为，火星上是有生命的。

8. 能不能把身体冷冻起来，几个世纪之后再唤醒？

1966年，华特·迪士尼(Walt Disney)逝世，去世两天后，他的遗体被火化。从那之后，一直有谣言说迪士尼的遗体并没有火化，而是保存了下来——也就是冷冻保存，等未来科技发达了将遗体加温，迪士尼就能活过来了。

虽然缺乏依据，这个谣言却能流传至今，并且还有个专门的说法——“超低温保存迪士尼遗体”，我想这一定是因为大家对这一话题特别感兴趣。想想看，死去时身体被冷冻起来，一直保存到2120年或者2300年，这不就是时间旅行嘛！但到目前为止并没有人这么做，而且科学家们还提出了一些严肃的问题，比如如何实现，这么做的意义何在。

首先，我们来看看如何实现超低温保存。很多动物体温大幅降低时不会死亡，这让我们看到了希望。比如，北极地松鼠冬眠时体温会急剧下降，甚至能降到零度以下。地松鼠的部分大脑会停止工作，它们能保持这样的濒死状态长达几个月。但等到春回大地，它们就又活蹦乱跳了。更夸张的是林蛙，整个冬天，它们的身体都是硬邦邦的；但春暖花开时，它们又会变得生机勃勃。

这些例子说明冷冻、解冻这个方法是可行的，只是少了些说服力。具体有三个原因：第一，我们不是地松鼠或林蛙；第二，它们只是保持低温或冰冻的状态几个月，而不是几百年；第三，它们有着特殊的新陈代谢机制。

但有几个有意思的医学案例说明，超低温保存人类也并不是不可能。1986 年，一个两岁半的女孩掉到了河里，66 分钟过后才有人把她救了上来。小女孩的身体一直淹没在水底下，等送到医院的时候，她的体温只有 22 度，比正常体温低了 15 度。

她没有呼吸，也没有心跳，医生立即对她进行紧急抢救，小女孩最后醒了过来。结果她现在很健康，除了手有时候会轻微颤抖。还有其他的例子，有个孩子被发现时体温只有二十几度，还有个男人也是如此，但最后他们都活了下来。

但22摄氏度不是零下196摄氏度，用来保存人体的液体氮的温度是零下196度。在超低温条件下，人体的化学反应速度非常之慢——是正常情况下的1,000,000,000,000,000,000,000,000,000,000分之一——其实可以理解为没有发生化学反应。（林蛙在零下196度的条件下会怎样？如果扔到地板上，它会粉身碎骨。）

你可不能这么干 ✕

加拿大早期的探险家在挖便坑时发现了藏在泥土下面的冻蛙。他们把名字的首字母刻在冻蛙身上，奇怪的是，这些冻蛙等到春暖花开时居然又活了过来，身上的字母也还在。把林蛙放到装有水的小容器中，然后把容器放进冰箱，只要温度可以保证不低于零下5摄氏度，它很可能就不会死，解冻后它自己就会活过来。但我建议大家还是不要尝试了。

多数动物在冰点以下无法存活，因为它们的身体组织会自然结冰；组织受到了破坏，最后的结果只能是死亡。但支持冷冻法的人认为"玻璃化冰冻"，也就是让体液变黏稠的过程，可以防止体液结冰。"玻璃化冰冻"需要一种叫作抗冻剂的东西，它跟抗凝剂很相似。这也没什么稀奇的，那些长期在低温条件下仍然能够存活的动物体内就有天然的抗冻剂。

人体冷冻法是这么操作的：如果你同意冷冻，那么在你"死"

时身体会先被降温到0摄氏度，加入抗冻剂，然后继续降温到零下120度。这时候你的体液已经非常黏稠，介于液态和固态之间，即便温度降到零下196度，身体的组织结构也不会遭到破坏。接下来你就一动不动地躺着，看起来像是死了，实际上还能活过来。

身体是可以冷冻保存的，但我们并不确定醒过来的人是不是完好无缺。越是简单的器官，存活下来的可能性越大。科学家将保存在零下196度下的小鼠的卵巢解冻，然后将卵巢移植到雌鼠的体内，结果发现，雌鼠生出的老鼠全部存活且完全正常。

还有科学家先将大鼠的部分脑组织保存在零下130度的条件下，然后取出加温，结果证明，至少在实验室环境中，大鼠的脑组织可以正常工作。如果是用完整的大脑做实验会怎样呢？如果你想要在2200年被唤醒，你肯定希望自己的整个大脑，储存了你所有的思维、情感和记忆

知乎?

华特·迪士尼其实并没有冷冻保存自己的身体。不过美国的阿尔科生命延续基金会，一家最有影响的人体冷冻服务机构，在广告中声称他们已经招募了1246名会员（这些人仍然活着，但是已经办理了在死后冷冻身体的相关手续），并有170名“病人”已经接受了冷冻处理。

的大脑——一个完整的自我——被唤醒后，跟“死”之前一模一样。人类的大脑有860亿个神经元，也就是脑细胞，这一数量相当于人体内其他种类细胞数量的总和。这些神经元之间有着千丝万缕的联系，只要失去了相当数量的神经元或者神经元之间的连接，我们就会严重失忆。这还是轻的。最糟糕的状况是你活了过来，却陷入了永久的昏迷。就算未来的神经科学能使用剩余的脑组织重建一个完整的大脑，可是重建出的人并不是原来的你，那么冷冻保存身体还有什么意义呢？

未来学家对此倒是信心满满，他们认为未来的医学一定会很先进，人类可以用3D打印技术打印出受损器官的替代品，而微型机器人能在人体的血管内四处巡逻，修复损坏的细胞组织。如果这些都能实现，那么冰冻的身体就能完好无损地保存下来。

就算我们能唤醒曾经的自己，接下来还要面临许多挑战。如果未来的世界对我们来说陌生又冷漠，很难适应，那怎么办呢？那是一个没有朋友，没有熟悉的事物，让人不知所措的世界——更糟的是，与我们当时离开的世界相比，在未来活着或许更艰难。当技术真能实现唤醒“死去”的人时，或许我们才会发现，醒过来不如一直沉睡。

历史迷雾

轮子是什么时候发明的？

我们并不知道轮子的发明者究竟是谁，但我们可以大概估计一下轮子发明的时间。这一问题看似简单，其实不然。大家都知道，轮子在很久以前就出现了，至少有几千年的历史。我们还知道，人类现在的文明离不开轮子。除非你不是生活在文明社会，而是孤身一人生活在丛林深处，否则每过几秒钟你就能看到几个轮子。我们需要把几方面的证据结合起来，才能确定轮子在人类历史上首次出现的时间。

5500 年前

我们要从语言、考古学和马匹三个方面搜集证据，光有一个方面是不够的；结合起来看，我们才能了解轮子是如何先影响了农业，接着影响了战争。

首先来看语言。英语中“轮子”（wheel）这个词可以追溯到另一个词，这个词来自已经绝迹的语言——原始印欧语，意思是“会转的东西”。原始印欧语大约在5500到4500年前为人们所使用，后来逐渐失传（先孕育出子语言，比如英语，然后绝迹）。在6000年前是没有表示轮子这个意思的单词的，所以我们可以推测轮子大约是5500年前发明的，也就是公元前3000年前后。原始印欧语中有一些和轮子相关的词语，比如“轮轴”和“辕杆”（连接挽具与轮式车辆之间的杆子），还有一个词的大概意思是“通过车运输”。从这些词汇来看，人类当时似乎已经解决了建造轮式车辆这一难题。

原始印欧语所覆盖的范围非常之广，所以我们无法确定第一个轮子是在哪里出现的。这时候就需要考古学的证据了。考古学家发掘出了轮式车辆的画作、雕塑以及残留下来的车轮，结果显示，最早的轮子是由结实的木头制成的：通常不是直接使用树干的横断面，而是将纵向的长木片

叠放然后裁成圆形。

只是裁成圆形已经相当不容易，但真正的挑战却是轮轴的结构。最早的车的轮轴是不能动的，轮子绕着轴转。两者配合必须完美：轴太紧不行，摩擦力会显著地减慢车的速度；太松也不行，车子会摇摇晃晃。这就需要木匠精湛的手艺和精准的工具。

那时人们用轭把拉车的动物套在一起，用辕杆将轭与做好的车连起来，车身还是比较重的。人们显然还想让车身轻一些，于是就用了更轻的轴。但是较轻的轴更容易坏，于是他们只好把车身做窄，以减轻重量，有的车只有一米宽，而且把四轮变成两轮更加省力。后来，固定在轮子上的转动的轴代替了原先不能动的轴，车辆就可以做得更大了。

知乎

没有证据表明，中美洲的文明，比如阿兹特克人或玛雅人，曾经使用过轮式车辆。有的科学家认为，这是因为中美洲没有可用于拉车的大型动物。有趣的是，他们肯定知道轮子，但他们只是把转轮给孩子当玩具。

难以想象轮子给当时人类的生活带来怎样巨大的影响：车辆彻底改变了农业。有了车辆，人们可以将很重的东西运送到远处，人类的居住范围也随之扩大。

我们从各种各样的考古学证据中看到的轮子越来越多，这些轮子大都出现于轮子发明后的一百年后：车辆的画作，车辆的模型，甚至还有残留下来的轮子、轮轴以及车辆。这些人工制品发现于世界各地：从中东到北欧。典型的例子是在波兰南部发现的一只杯子。这只杯子大约有 5350 到 5550 年的历史，杯子上有车的图案，这也是最古老的车

的图案。

另外两项重大的进步改变了车轮的发展历程，其中之一是人类驯服了马。从大约公元前 3000 年的马的骨骸来看，它们牙齿的磨损并不全是咀嚼造成的，有些明显是由套在嘴上的马嚼子留下的。马的驯化，正如轮子的发明，也使人类文明向前迈出了巨大的一步。据估计，一个牧羊人带着一只牧羊犬差不多能管理好 200 只绵羊；而在带着一只牧羊犬和一匹马的情况下，却可以管理 500 只羊。此外，马不仅可以用来骑，也可以用来拖动战车。

大约 4000 年前，人类发明了战车。战车的出现得益于车轮设计的巨大改进：辐条。带辐条的轮子比实心的木头轮子要轻许多；也就是说，车辆的速度可以得到大幅提升。战车没有任何多余的重量：两个轮子的车身由一到两匹马拉着；战车上只有一个士兵，手持长矛。战车的发明改变了作战方式。

从那之后，轮子就成为了文明的基本象征。如今距离人类发明轮子已有 5500 年之久，在今天的地球上轮子是随处可见的——就连月球和火星上也能看到轮子的踪影。

科学揭秘！

生物学家们都喜欢说这句话："大自然永远不会发明轮子。"这句话听起来似乎很合理。人类最早发明的轮子是绕着轴转动，两者唯一的连接是楔，它可以防止轮子被甩出去。但我们知道，所有生物的有机组织也都是和身体、神经连接起来的，它们离不开血液输送的养分，肌肉产生的力量。

不过这些观点都无关紧要，大自然中其实是有轮子的。有很多种细菌是通过卷曲的鞭毛的旋转前进的。鞭毛不是前后摆动，而是由基体驱动的，基体就是一个精细、巧妙的超微马达。所有生物中，靠轮子驱动的生物只有细菌。

致谢

我起初并未打算把“The Science of Why”写成一个系列，没想到这已经是该系列的第四本书了。这期间有很多人一直在支持我，正是得益于他们的帮助，前三本才得以面世；当然，这本也一样。

我要感谢西蒙–舒斯特出版公司的凯文·汉森（Kevin Hanson）、萨拉·圣皮埃尔（Sarah St. Pierre）、卡瑟琳·怀特塞德（Catherine Whiteside）和尼塔·普罗诺沃斯特（Nita Pronovost），他们极富创造力，并给予我很多鼓励。当然，西蒙–舒斯特出版公司负责本书的所有工作人员都值得称赞，因为他们总能接连不断地提出许多有趣的问题。

一个能让引人入胜的科学故事应该具备哪些元素呢？谈到这个，我可以肯定地说，本书的编辑梅格·马斯特斯（Meg Masters）和我的看法完全一致——只是她的表达比我更精练，用词也更优美。

我的代理——西林创意公司（Westwood Creative Artists）的杰基·凯瑟尔（Jackie Kaiser）、史蒂芬妮·汤普森（Stephanie Thompson）和梅格·韦勒（Meg Wheeler）为本书的出版付出了不懈努力，在他们的帮助下，其他国家的读者也能看到这本书。

我要特别感谢露西亚·雅各布斯（Lucia Jacobs）、马克·昌吉赞（Mark Changizi）、格雷厄姆·阿斯克（Graham Askew）、科瑞·基博（Corey Keeble）、托比·凯普维尔（Toby Capwell）、戴尔·辛普森（Dale Simpson）和小肯·斯托里（Jr. Ken Storey），他们为书中的科学问题提供了必不可少的专家意见。

我还要特别鸣谢圭尔夫大学的物理学家乔安娜·奥米拉（Joanne O’Meara）和野生动物学家尼基·威尔逊（Nike Wilson）为本书提供的科学文献。我冒昧地向这两位科学家求助，他们不仅欣然伸出援助之手，而且能深入浅出地把科学道理讲明白。

一个作家怎能少了朋友和家人的支持？虽然我已经在前书中提到过他们，但是我还是要再次向他们表示感谢：雷切尔、保罗、马克斯、凯伊特、艾米丽亚和布兰登；JJ、芬恩和格雷丝；Flathead 协会和 The Beakerband 以及他们的合伙人，The Men of the Road 协会以及他们的合伙人。

当然还要感谢玛丽·安妮（Mary Anne），没有她，这本书无论如何也不可能面世。

科学大咖英格拉姆博士

“探究式科普”杰作来了！

《越问越聪明：让孩子思维升级的科普书》

作者：[加]杰·英格拉姆著

译者：杜冰

奇思妙想的起点

9~99 岁大小朋友都爱看的冷知识

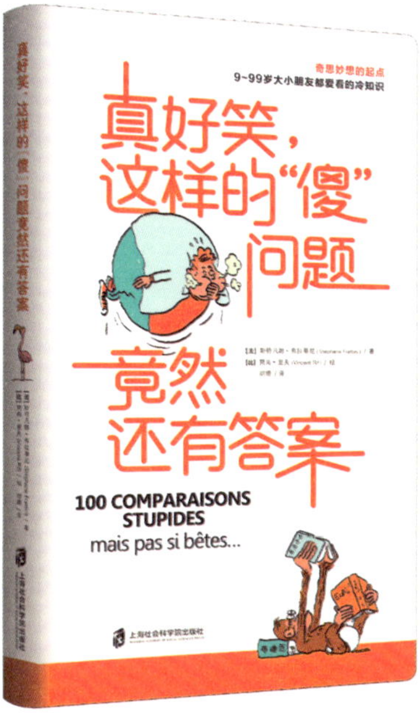

《真好笑，这样的“傻”问题竟然还有答案》

作者：[法]斯特凡娜·弗拉蒂尼　[比]樊尚·里夫

译者：胡婧